诉求转向与秩序建构
——新生代农民工利益表达研究

姚望 著

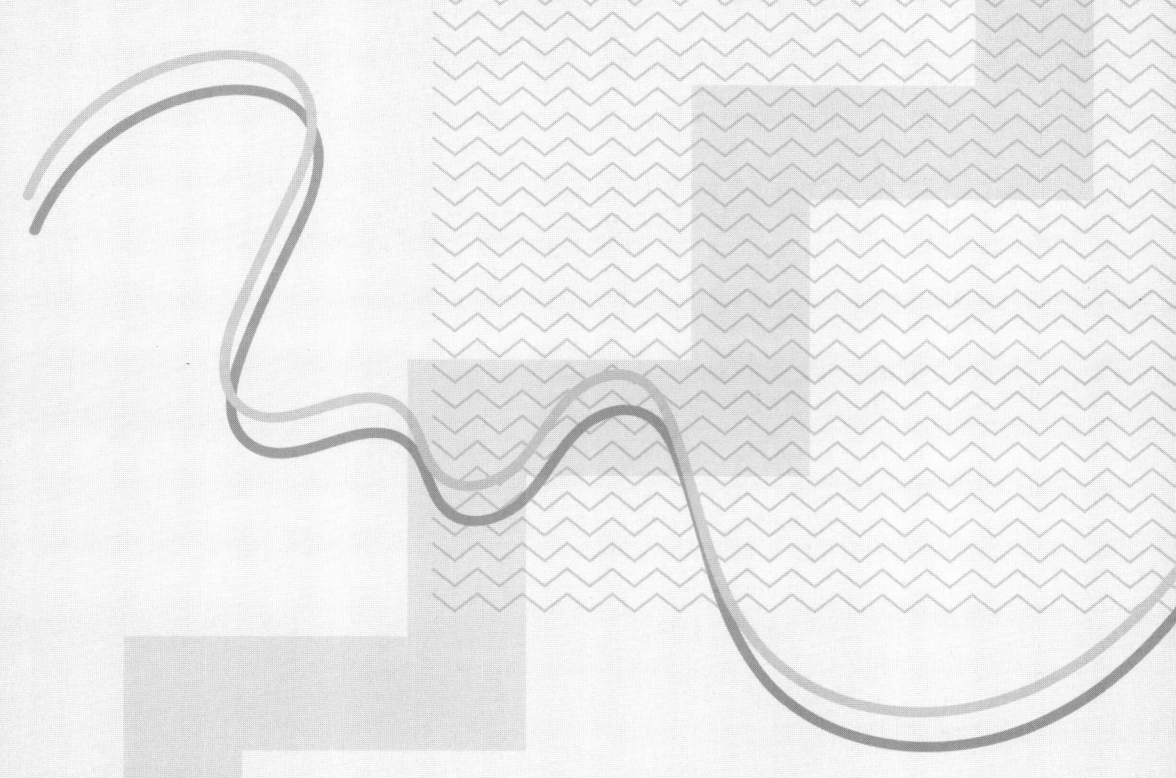

中国社会科学出版社

图书在版编目（CIP）数据

诉求转向与秩序建构：新生代农民工利益表达研究／姚望著.
—北京：中国社会科学出版社，2019.6
 ISBN 978-7-5203-4700-6

Ⅰ.①诉⋯　Ⅱ.①姚⋯　Ⅲ.①民工—利益—研究—中国
Ⅳ.①D669.2

中国版本图书馆 CIP 数据核字（2019）第 131608 号

出 版 人	赵剑英
责任编辑	姜阿平
责任校对	胡新芳
责任印制	张雪娇

出　　版	中国社会科学出版社
社　　址	北京鼓楼西大街甲 158 号
邮　　编	100720
网　　址	http://www.csspw.cn
发 行 部	010-84083685
门 市 部	010-84029450
经　　销	新华书店及其他书店

印刷装订	环球东方（北京）印务有限公司
版　　次	2019 年 6 月第 1 版
印　　次	2019 年 6 月第 1 次印刷

开　　本	710×1000　1/16
印　　张	13.5
字　　数	206 千字
定　　价	78.00 元

凡购买中国社会科学出版社图书，如有质量问题请与本社营销中心联系调换
电话：010-84083683
版权所有　侵权必究

目 录

第一章 新生代农民工：社会变迁中的特殊群体……………（1）
第一节 基本概念界定与新生代农民工的产生条件…………（1）
　　一　基本概念界定……………………………………（1）
　　二　新生代农民工产生的条件………………………（8）
第二节 新生代农民工研究现状与基本趋势………………（19）
　　一　新生代农民工研究成果的量化分析……………（19）
　　二　新生代农民工研究成果的基本走向……………（28）
　　三　简短结论…………………………………………（30）
第三节 研究样本获取与描述分析……………………………（31）
　　一　样本的人口变量描述……………………………（31）
　　二　样本的社会变量描述……………………………（37）

第二章 延续与转向：新老农民工利益表达的历时性研究……（47）
第一节 延续：新老农民工社会形象的话语建构…………（47）
　　一　新老农民工的代际转换…………………………（47）
　　二　新老农民工社会形象的媒介建构………………（52）
　　三　新老农民工社会形象话语建构的内在蕴意……（60）
第二节 转向：新老农民工利益表达的历时性探讨………（62）
　　一　文本内容的媒体选择……………………………（62）
　　二　新老农民工利益表达报道时间的历时性转向…（65）
　　三　新老农民工利益表达报道版次的历时性转向…（66）
　　四　新老农民工利益表达报道版名的历时性转向…（69）
　　五　新老农民工具体利益诉求报道的历时性转向…（70）

第三章 一致与变迁：新老农民工利益表达的现时性研究 …… (81)
第一节 一致与变迁：利益受损及表达主动性 ……… (81)
    一 利益受损 ……… (82)
    二 利益受损后的表达主动性 ……… (87)
    三 简短结论 ……… (92)
第二节 一致与变迁：利益表达权利和价值的认知 ……… (93)
    一 利益表达权利的认知与维护 ……… (94)
    二 公共讨论决策的参与 ……… (98)
    三 利益诉求吸纳认知 ……… (101)
    四 简短结论 ……… (103)
第三节 一致与变迁：利益表达组织的认知 ……… (104)
    一 共同利益的认知 ……… (105)
    二 利益表达组织价值的认知 ……… (109)
    三 简短结论 ……… (115)
第四节 一致与变迁：利益表达渠道的选择 ……… (115)
    一 利益表达渠道的种类 ……… (116)
    二 利益表达渠道选择的差异性 ……… (119)
    三 简短结论 ……… (127)
第五节 一致与变迁：利益表达效能的认知 ……… (129)
    一 权威的认同 ……… (129)
    二 利益表达的动机 ……… (133)
    三 增强利益表达效能的行为选择 ……… (137)

第四章 原子化与集群化：新生代农民工非制度化利益表达的形态与危害 ……… (142)
第一节 新生代农民工非制度化利益表达的原子化形态 ……… (143)
    一 弱者的武器 ……… (144)
    二 隐藏的文本 ……… (148)
    三 个人式吁请 ……… (152)

第二节 新生代农民工非制度化利益表达的集群化
　　　　形态 ………………………………………………… (155)
　一　新生代农民工集群化利益表达发生的原因 ……… (155)
　二　新生代农民工集群化利益表达的主要表现 ……… (158)
第三节 新生代农民工非制度化利益表达的危害 ……… (166)
　一　破坏既定政治结构 …………………………………… (167)
　二　引发社会失范 ………………………………………… (168)
　三　弱化政策公共性 ……………………………………… (169)
　四　损害民主政治发展 …………………………………… (171)

第五章 增能与赋权：新生代农民工利益表达秩序
　　　　建构的策略 ………………………………………… (173)
第一节 精英替代型表达：新生代农民工利益表达秩序
　　　　建构的策略 ………………………………………… (173)
　一　多元视角下的精英理论 ……………………………… (174)
　二　精英替代：建构新生代农民工利益表达
　　　秩序的理路 …………………………………………… (176)
第二节 市场外包型表达：新生代农民工利益表达秩序
　　　　建构的策略 ………………………………………… (183)
　一　市场外包型利益表达的基本内涵 …………………… (184)
　二　目前环境下市场外包型利益表达存在的问题 ……… (185)
　三　市场外包型利益表达应重点关注的几个问题 ……… (187)
第三节 媒介聚焦型表达：新生代农民工利益表达
　　　　秩序建构的策略 …………………………………… (191)
　一　传声筒：影响政策议程，增强新生代农民工利益
　　　表达效能 ……………………………………………… (191)
　二　聚光灯：引发社会关注，增强新生代农民工利益
　　　表达效能 ……………………………………………… (195)
　三　摄像头：媒体采访，增强新生代农民工利益
　　　表达效能 ……………………………………………… (198)

第四节　自组织型表达：新生代农民工利益表达秩序
　　　　建构的策略 ………………………………………（201）
　一　自组织型表达：提升新生代农民工利益
　　　表达素养 …………………………………………（201）
　二　自组织型表达：增强新生代农民工利益
　　　博弈能力 …………………………………………（205）
　三　自组织型表达：规范新生代农民工利益
　　　表达行为 …………………………………………（207）

第一章　新生代农民工：社会变迁中的特殊群体

当代中国最宏大的变革是实现了从传统封闭型的社会向现代开放型的社会的变迁，由计划经济向市场经济的嬗变，并因此诱致了社会个体价值观念、行为模式的变化。在这一令人惊讶、羡慕的改革开放过程中，原来的两个阶级一个阶层的社会结构逐渐产生破裂，出现了社会结构多元化的发展状态。新生代农民工就是在此宏观背景下产生的一个特殊群体，并彰显出自身特点。这个群体的产生与壮大深受社会变迁下系统性因素的影响，他们一经出现，便被一些研究者所关注。研究者们围绕此特殊群体，形成了关注点差异、分析方法多样的研究成果。

第一节　基本概念界定与新生代农民工的产生条件

本书研究的核心概念包括新生代农民工和利益表达。对这两个概念的界定是本书理论研究开展和结论获得的路径起点。新生代农民工的产生，具有特定的政治、经济等宏观背景。梳理与分析这些背景，不仅有助于我们透视中国的社会变迁过程，也有助于把握新老农民工行为选择等方面存在差异性的社会因素。

一　基本概念界定

当我们对一些特定命题需要进行深入分析研究时，必然会去思考这样一个问题：它是什么？确定它是什么对我们有什么价值？如果对此不能加以准确回答，则会使我们的研究变得茫然不知所措。① 基于此，古人说："名不正则言不顺。"从学术研究层面来讲，此处的"名"就是概念。因此，概念界定是学术研究展开的基础性步骤。概念界定不清晰，阐释不准确甚至出现错误，不仅会使学术研究变得无的放矢，而且必定会产生茫然不知所措现象。

（一）新生代农民工

作为改革开放的一个特殊群体，如何界定新生代农民工这一概念，成为研究者必须正视的一个重要课题。从既有的文献研究成果来看，研究者对新生代农民工这一概念的界定大致在三个层面展开。

1. 以改革开放宏观背景作为划分的断面

对当代中国产生直接影响并具有划时代价值的当数改革开放。它是决定中国命运的关键一招，是党和人民事业大踏步赶上时代的重要法宝；并对社会个体的行为、价值观念以及文化认同等产生重要影响。正是看到这一宏观历史事件对中国社会结构的影响，一些研究者在界定新生代农民工这一概念时便从此出发。如刘传江、徐建玲认为，因农民工出生和成长起来的时代背景不同，他们的个体人格和基于个体人格表现出来的特征也存在显著的差异。在研究中，他们认为，改革开放对外出农民工产生重要影响，年纪大的农民工深受计划经济影响并在计划经济较为封闭的条件环境下成长，而年纪轻的农民工都是在改革开放后走出农村的。这两个群体因成长的社会背景、家庭格局以及宏观环境等存在巨大差异，他们的观念、文化以及行为选择也有较大差别，在社会认同感和对生活的期望度等方面也存在差异。基于此，他们将早先外出的农民工称为第一代农民工，而将改革开放后走出去、年纪轻的农民工称为第二代农民工。② 陈辉、熊春文在梳理西方学者关于"代"讨论的基础上，运用曼海姆"代"的社会学理论，根据改革开放所产生的社会微观因素的变化，如社会经验、行为模式等差异，对农民工群体做了划分。他们认为，自改革开

---

① 赵科天：《"需要"概念的重新界定》，《南京社会科学》1996年第6期。
② 刘传江、徐建玲：《"民工潮"与"民工荒"——农民工劳动供给行为视角的经济学分析》，《财经问题研究》2006年第5期。

放以来，我国的农民工群体形成三代更替的现象。第一代是因为农村实行的家庭联产承包责任制这一重大革新而提升了农民劳动的主动性、积极性，提高了农业的生产效率，解放了农村的劳动生产力，并将一些农民推入农民工群体，这一时期大致为1980—1988年间。第二代是在中国市场化发展的过程中，特别是邓小平南方谈话释放出巨大的市场活力，导致市场化改革提速以及城镇化加速发展，一些基础较好且抓住市场变化的地区逐渐发达起来，吸引了一些农民加入农民工的行列，这一时间大致发生于1989—2000年间。2001年以后，特别是中国加入WTO后，中国经济增长的结构与模式发生重要变迁，就业机会和就业行业发生重要变化，一些年纪轻的农民从农村走出去，到城市或经济发达地区务工，这些人被称为新生代农民工。① 虽然不同"代"的农民工没有像一个有组织的公司那样，其内部成员可以进行有目的、有计划、有组织的行动，但他们同样承载了对中国命运产生重要影响的改革开放这一宏观事件下的社会历史命运，成为我国经济发展和城镇化建设的重要参与者，并形成相异的经验、价值观和思想风格的现实的"代"。张国胜则更加明确地以改革开放作为新生代农民工划界的时间点。他认为，第一代农民工是改革开放后第一批离开土地的农民工，新生代农民工是改革开放尤其是20世纪90年代中后期进入城市务工的农民群体。他们因成长的社会环境等发生了较大变化，导致文化程度、务工目的以及融城意愿等方面也存在巨大差异。②

2. 以农民工外出务工时间作为划分的依据

一些农民外出务工，在特定时期形成一股股民工潮，对社会稳定、交通运输、经济发展等产生直观的影响。这种现象逐渐引起很多研究者的关注，而对这种外出务工的时间更具有宏观研究视角的意义。因此，基于生产力的发展而被解放出去的农民在什么时间到城市或经济发达地区务工，成为研究者划分新老农民工的标准。如王春光

---

① 陈辉、熊春文：《关于农民工代际划分问题的讨论——基于曼海姆代的社会学理论》，《中国农业大学学报》2011年第4期。

② 张国胜：《中国农民工市民化：社会成本视角的研究》，人民出版社2008年版，第70—73页。

认为，按照社会习以为常的观点，差距在 10 年左右就可以被称为两代人。他明确地把 20 世纪 80 年代外出到城市或经济发达地区务工的农民称为第一代农民工，而把 90 年代外出到城市或经济发达地区务工的农民称为新生代农民工。两代农民工不仅在所受教育、务农经历、外出动机等自然因素方面存在较大差异，而且在是不是农民、想不想改变农民身份等自身认同方面也存在差异性。并且，他通过定量分析得出结论，两代农民工在务工地的社会交际活动、对务工地的社会感受、在务工地社会参与组织和对组织的认同、与务工地政府管理部门的关系、对务工地政府管理部门的感受等方面表现出差异性的社区认知。① 邓大才将外出到城市或经济发达地区务工的农民做了"层"的划分。他认为，从连续性来看，改革开放 30 多年来，已经产生出三代农民工，并依据农民工外出的时间对他们进行了代的划分。第一代农民工是 20 世纪 70 年代末分田到户后外出务工的农民，第二代农民工是 20 世纪 90 年代外出务工的农民群体，新生代或第三代农民工则是 2000 年以后外出务工的农民群体。不同的生存环境，使得这三代农民工产生出多样化的外出务工动机和个体行为逻辑。第一代打工者遵循饥饿逻辑，追求生存最大化；第二代打工者遵循货币逻辑，追求现金收入最大化；新生代农民工与前两代皆不同，他们遵循前途逻辑，追求终生利益最大化。②

3. 以外出务工时候的出生年龄作为划分的标准

以农民工外出务工时的年龄作为新老农民工概念界定的标准，是另一个从人的自然属性的角度来解释新老农民工的代际变迁问题。如杨婷认为，1960—1969 年这一段时间出生并且赴外地打工的农民称为第一代农民工。他们普遍文化程度较低，青春的美好时光都是在熟悉的农村环境中度过的。他们干过农活，对土地耕作方式比较熟悉，具有吃苦耐劳的品格。正是基于此条件，他们即使干再脏再累的工作，也不会抱怨太多，对工作要求不太高。因为对农村的熟悉，所

---

① 王春光：《新生代农村流动人口的社会认同与城乡融合的关系》，《社会学研究》2001 年第 3 期。

② 邓大才：《农民打工：动机与行为逻辑》，《社会科学战线》2008 年第 9 期。

以，即使他们失去打工的机会或体能，也能退回到农村，再次成为农民。因为有退路可守，他们对工资的期望不太高。在第一代农民工影响下产生了第二代农民工，他们是1970—1979年出生的人。这一代人与他们的父辈相比，一方面因家庭条件的变化而带来教育水平的提升，但同时也因家庭条件的变好而使他们对农村的耕作方式陌生。这一代农村人在现实的表现往往是家庭结构撕裂，大多情况是子女随妻子在家受教育，独自一人在外务工，他们对家庭的渴望较强烈。出生于20世纪80年代后且外出务工的农民工被称为第三代农民工（在本书中，我们可以将他们称为新生代农民工）。第三代农民工比他们的父辈拥有较高的文化程度，较宽的社会视野，因此对自己的工作期望值较高，融入城市的意愿明显，但又缺乏前两代农民工吃苦耐劳的基本品格，所以工作的流动性明显增大。因对法律和人权知识掌握较多，自由、权利意识的增强，使他们的维权意识较强，并因一些过激的维权行为而引起社会的关注。[1] 吴红宇和谢国强则将杨婷所说的第一代与第二代农民工统称为传统的农民工，而把第三代农民工称为新生代农民工，并且注意到新生代农民工与传统农民工的差异：他们的行李袋已由蛇皮袋变为拉杆箱，里面的行李由棉被变成日常生活用品，衣着光鲜代替了灰头土脸，神情自信代替了表情木讷。[2] 谢建社认为，自20世纪50年代，在完成了土地改革之后，中国农民就开始分化，只不过基于当时总体性社会结构的存在，农民分化的速度相当缓慢。但是改革开放后，由于农村生产力的解放，大量农民外出务工，这种分化的速度明显加快，并因此产生虽然具有相同的农民属性但特点各异的农民工阶层，新生代农民工正是在此背景下产生的。他认为，新生代农民工是指1980年以后出生并外出务工的农民群体。[3] 中华全国总工会在研究农民工问题时也采取了外出务工时农民的出生年龄的分界方法，认为新生代农民工是指20世纪80年代以后出生并

---

[1] 杨婷：《有个人群叫农民工》，《中国经济时报》2004年10月27日。
[2] 吴红宇、谢国强：《新生代农民工的特征、利益诉求及角色变迁》，《南方人口》2006年第2期。
[3] 谢建社：《农民工分层：中国城市化思考》，《广州大学学报》（社会科学版）2006年第10期。

外出务工的农民群体，亦即"80后"。①

在本书中，我们采用全国总工会的分界方法，即将出生年龄为20世纪80年代以后并且在2000年左右外出务工的农民工群体称为新生代农民工，也就是日常所说的"80后"。截至2016年年末，全国农民工总量达到2.82亿人，其中16—30岁占61.6%，按照这一统计，2016年外出的新生代农民工数量1.7亿左右。② 这个庞大群体的形成与壮大，具有特定的经济、政治、文化与社会因素。

（二）利益表达

利益是人类社会中与我们每个人日常生活都息息相关的重要社会现象，它反映的是某种客体能够满足主体的某种需要。这种需要是人类生命活动的体现，它构成利益产生的前提和基础。一定的需要形成一定的利益，离开了任何实际的需要对象，就无所谓利益。主体的任何需求，从其产生的那一刻起，就带有自我实现和自我满足的动力基因与目标方向。③ 但是，"物质生活的这样或那样的组织，每次都依赖于已经发达的需求，而这些需求的产生，也像它们的满足一样，本身是一个历史过程"④。利益具有自我实现的要求和动机，但它不是一蹴而就的，而是一个历史的、动态的发展过程。这一过程"包括利益表达、利益综合、利益确定、利益满足各个环节。在诸环节中，利益表达是首要环节"⑤。研究新生代农民工利益表达问题的关键，是要正确理解利益表达的内涵。

从总体上说，关于利益表达这一概念，国内学者涉入的时间较晚，有分量的研究成果较少。相反，在西方，随着20世纪30年代末利益集团的大规模出现，他们在代表该成员的利益进行表达的过程

---

① 转引自袁书华、贾玉洁、付妍《新生代农民工问题研究》，山东人民出版社2014年版，第32页。
② 王晓峰：《民生专题新闻发布会》，http：//www.acftu.org/template/10041/news_file.jsp?aid=95049。
③ 姚望：《当代中国利益表达现状分析及对策研究》，《内蒙古社会科学》（汉文版）2006年第1期。
④ 《马克思恩格斯选集》第1卷，人民出版社1972年版，第78页。
⑤ 王立新：《试论我国社会分层中人民利益表达制度的建构》，《社会科学》2003年第10期。

中，试图影响政治决策过程。这一现象为西方学者所看到，他们通过对西方利益集团参与政治影响政府政策的研究得出结论：政府在制定政策过程中并不是完全自主的，它要受到各个阶层、利益集团的影响。这些阶层、利益集团如何以及通过什么来影响政府政策的问题，逐渐成为西方学者感兴趣的中心课题。在研究各个利益阶层和利益集团影响政治的过程中，学者们提出政治参与、利益表达、利益协调等新的概念与范畴，从而使这些术语在政治学科的理论及实践中流传开来。所以，有学者明确指出，"利益表达（interest expression）：西方政治学术语，指政治体系的成员表述其利益要求的活动"①。潘小娟、张辰生在他们主编的《当代西方政治学新词典》中也同样持这种看法。② 庞元正、丁冬红也认为，利益表达概念的引进，可以在民主的基础结构逐次出现的背景中得到理解。这个背景就是，在 19 世纪下半叶，政党和利益集团被人们当作民主政治中的合法组织而广为接受。美国和英国的政治制度属于例外，它们在 19 世纪已获得了合法地位。20 世纪 30 年代末，利益集团、压力集团、"院外活动集团"成为民主政治的合法组成部分。这些专门组织的兴起，使人们注意到民主决策过程的复杂性，进而加强对这些专门组织影响政府政策行为的研究，结果导致利益表达术语的产生。③

本书所指的利益表达，就是一定的利益主体，通过一定渠道直接或间接地向表达客体反映情况、提出意见、主张利益，并以一定的方式努力实现其既定利益的一种行为。从这个定义中我们可以看出，就利益表达的主体来说，可以是单独的个人，可以是无组织的群体，也可以是有组织的集体；就利益表达客体来说，可以是个人、执政党、政府或其他有影响的正式组织或非正式组织；就表达的内容来说，主要是有关信息情况、意见主张、利益倾向，可以是政治的、经济的、文化的，也可以是有关国家和社会的大的方面，也可以是个人生活

---

① 李德顺：《价值学大词典》，中国人民大学出版社 1995 年版，第 405 页。
② 潘小娟、张辰生：《当代西方政治学新词典》，吉林人民出版社 2001 年版，第 224 页。
③ 庞元正、丁冬红：《当代西方社会发展理论新词典》，吉林人民出版社 2001 年版，第 270—271 页。

等小的方面的;就表达的渠道来说,可以是制度性的或非制度性的,也可以是合法的或超于法律规定之外的;就表达的方式来说,可以是直接的,也可以是间接的;表达的效能可能是较大的,也可能对自己利益的实现毫无影响;表达的结果可能是积极的,也可能是消极的。①同时,这一定义又体现了以下几个特征:一是利益表达是内容与手段的统一。利益表达是一种主观行为,它既体现了利益表达主体对自身利益的认识、对国家政策的态度及对自己利益要求的感知,也表明了利益表达主体必须通过一定的手段使自己的利益要求被有关客体所关注,如通过言论、出版、投票与选举,甚至是游行示威、暴力冲突等。二是利益表达是个体行为与群体行为的统一。利益表达的主体是具有社会属性的人。利益表达不仅是个体行为,有时也是个体行为的汇总,产生群体性行为,当具有组织性和纪律性时,便形成组织化的利益表达。三是利益表达是目的与效果的统一。利益表达不仅是利益表达主体将自己的意见、建议及利益要求反映出来,而且也试图使自己的利益要求得到满足。

二 新生代农民工产生的条件

随着新生代农民工群体人数的增加,他们不仅影响着中国经济的发展,而且决定了中国城镇化和现代化的步伐,成为中国特色社会主义事业的重要建设者。当前,我们对新生代农民工的关注氛围渐渐浓厚,新生代农民工自身素养也得到不断的提升,保障新生代农民工权益的制度体系也开始形成。我们有必要深入探讨这一群体形成的宏观背景,只有这样,才能更好地发挥其作用,保障其利益,完善其权益保护制度体系。

(一)新生代农民工产生的经济因素

任何社会结构的变迁都深深地扎根于物质的经济现实中,正如马克思所言,"物质生活的方式制约着整个社会生活、政治生活和精神

---

① 夏菁、姚望:《当前我国农民利益表达现状及对策思考》,《中国特色社会主义研究》2007年第6期。

生活的过程"①。分析新生代农民工的形成，必须关注物质生活这一首要因素，因为新生代农民工的形成与整个社会经济变迁和发展有着密切的关联。

1. 农村生产力的提高

在生产力水平较低的社会环境下，社会个体往往存在两方面的束缚：一是由于生产力水平较低，单个社会个体无法独自与自然界做斗争而获得发展和进化的力量，必然需要多个社会个体联合起来，共同向自然界做斗争，以获得生存和发展所需要的资源。这样必然会产生人与人的束缚，即单一社会个体不能离开群体而生活，因此便无法出现流动人口。二是由于生产水平较低，社会个体生存和发展的资源都来源于土地，离开了土地，无论是单一的社会个体还是群体的社会个体都无法获得充足的资源生存下去。因此，对土地的依赖也影响到社会个体的流动。这两方面的束缚，在改革开放前的中国广大农村普遍存在，是既存于农村的真实场景。农民被土地、他人所束缚，当时的政策体系又进一步强化了这种束缚程度。

实行改革开放后，我国农村的社会生产力得到很大的提升。经过40年的发展，相比改革开放前，我国农村的劳动生产力水平得到质的飞跃。这种质的飞跃，使人与人的依赖、人与土地的依赖程度减弱，土地和人开始逐渐分离。特别是由于我国农业人口众多，人均占有土地资源少，耕地相对于劳动力而言严重不足，农民数量相对于耕地资源显示出大量过剩；同时，农民科学种田意识的增强，使用良种，运用栽种新技术和机械耕种作业方式，大量使用化肥、除草剂减少了田间管理，提高了效率，节约了很多劳动力。② 劳动力不可能固定持久地闲置于某一场所，一些过剩的劳动力开始寻找自身存在的价值，于是外出务工就成为一些农民的自然选择。

2. 市场经济的差异化发展

我国经济体制变革的核心和标志是从传统封闭的计划经济转换到

---

① 《马克思恩格斯选集》第 2 卷，人民出版社 1995 年版，第 32 页。
② 黎炳成：《农村劳动力过剩的原因及对策探讨》，《中共四川省委省级机关党校学报》2005 年第 1 期。

现代开放的市场经济。市场经济的建构和发展，深刻地影响和改变着不同区域的经济发展水平与社会个体的行为模式。

首先，既存的市场经济法则决定了一些社会个体的心理选择。自1978年开始，以党的十一届三中全会的召开为标志，我国正式迈入改革开放的康庄大道，在以市场化为改革取向的过程中，市场的影响和作用不断扩大，社会主义市场经济体制在我国逐渐建立并完善。十八届三中全会提出，市场在资源配置中起决定性作用。在市场机制环境下，影响劳动力因素的主要有工资、供求情况以及劳动力竞争机制等。在劳动力供求机制方面，城市对于劳动力资源的需求量远大于农村，所以需要新生代农民工的出现，为城市提供劳动力资源。在价格机制方面，城市劳动力的市场价格相对于农村具有更大的优势，这主要体现在工资水平、工作环境以及工作福利上。在竞争机制方面，新生代农民工相比于老生代农民工，更渴望能够进入理想的职业或空间场所，以实现自我，体现出应有的个人价值和社会价值，从而为了提升自我的目标要求而不断提高自我素养、工作技能和个人素质，提升自己外出务工以及职业发展中的竞争优势。因此，新生代农民工的产生与壮大，既适应了市场经济条件下市场对劳动力的客观需要，也成为市场经济发展的必然结果。

其次，市场经济的发展急速地将资源进行重新再分配，导致城乡间的发展水平和不同农村间的生产力发展水平出现较大差异。生产力发展水平不太高的农村地区，难以拥有吸引农民产生固守土地或乡村的认同心理和经济基础。同时，由于资源占有的差异性而产生出来的我国农村间生产力发展的不平衡现象，在市场经济条件下被持续拉大。发达地区因占有资源较多，生产力发展水平表现出较高水平，而一些农村地区因地理环境等导致生产力发展水平不高。这种因市场经济非均衡发展所产生的区域间发展差距，也使一些农村居民开始从低处向高处发生位移。对于一些在市场经济发展过程中给自己带来较大资源的地区，便拥有了较多的资金等资源，可以更好地吸引更多的外来人到本地务工，进一步激发该地区的经济发展。这一良性循环式发展是市场经济规则的显著性表现。生产力发展水平的差异性在现实生活中的突出表现就是春运。除夕前，春运的人流是从经济发达地区流向经济不发达地区,春节过后,人流的方向则相反。

3. 利益的驱动

从农村自身的经济发展角度来说,农村经济相比于城市仍然存在较多的问题。一是农村基础设施建设落后,体现在道路交通的不完善以及水、电、通信网络的不健全,这在一定程度上制约了农村经济的发展。二是农村落后的生产经营模式,主要体现在落后的生产力、单一的农业结构、不规范的农村市场、农村资源开发利用率低、集体经济发展缓慢以及农村的对外开放程度低。农村在经济发展过程中难以吸收外部资金,难以引入先进的科学技术和人才,内部市场无法与外界市场相结合,缺少对经济形势和市场动态的掌控与了解,这阻碍了农村资源开发、农村市场健全和农村经济发展。三是农村经济发展的政策制度不健全。完善的农村经济发展政策制度是农村经济发展的制度保障和政策前提。目前我国新农村建设过程中,农村经济发展政策尚不健全,存在严重的政策制度缺陷,主要体现在社会保障制度不健全,基层干部管理机制不健全,农村经济发展中激励机制以及人力资源开发机制不健全。① 因此,新生代农民工难以在现今的农村经济发展中实现自身的社会经济效益,他们需要涌入城市谋求自身发展。

因发展的差异性,城市或经济发达地区不仅物质生活富裕,精神文化也是丰富多彩,对广大的经济落后地区尤其是一些经济发展较差的农村地区是一个巨大的诱惑和吸引。正如学者瞿克所言,"都市的嘈杂群体,色镜眼的生活及令人眩惑的光彩,实足以引诱饱尝田园的单调孤单之人,都市为智识思想美术文艺及音乐之中心,各时代之有效事业得见于都市之构造、机关、博物馆及市场之中,时时有世界新闻、有绘画、建筑及艺术之展览,各种娱乐适合各之阶级。有种种的职业适应各人之性向技能及趣味,这样与各人的现实底满足,焉有不吸引农民呢?"② 绿藤在《饿殍》中也写道:"都市物质的诱惑因此抛却了业务(务农),转移到都市里去的,逐渐增多;并且有时又从都市里带来了些光彩回来,样样都是新闻,样样都是值得久居井底的农

---

① 余磊:《制约农村经济发展的因素及对策分析》,《知识经济》2009年第6期。
② 瞿克:《中国农村问题之研究》,广州国立中山大学出版部1933年版,第36页。

夫农妇们的羡慕和赞赏。并且都市里的生活，事实上确比终天埋头在腥臭的泥土之间的乡村生活，是要高明得多，因此居然成了一种风气，大家都掉转脚跟向着都市移动。"① 城镇的虹吸效应加剧了人口向城市流动的脚步，形成一批又一批的新生代农民工。

（二）新生代农民工产生的政治因素

新生代农民工的产生也与改革开放之后社会主义民主政治发展变化有着密切的联系。社会主义民主政治发展水平、社会个体权益保障相关法律的制定以及对流动人口政治风险的制衡等政治性因素，都对外出务工的农民产生积极影响，推动着他们走入城市，奔入经济发展程度较高的地区。

1. 当代中国社会主义民主政治的发展

一个民主发展程度比较高的社会，其社会成员的独立意识、主动意识、权利保护意识往往比较强，社会流动的活跃度也比较高，有利于形成人口的正常流动。相反，在较低的社会民主发展程度条件下，人民享有的民主自由权利有限，则不利于人口区域间的正常流动，外出务工则很难实现。新中国建立后，我们不断探索制度现代化的中国路径，建构了系统的民主政治体系，保障人民享有民主权利，以村民自治制度为代表的乡村民主发展非常迅速，成为中国基层民主政治发展的标杆。乡村居民不断地享受着越来越多的民主权利，表达着民主意愿，这些民主权利的享受与行使，对传统乡村既存的消极政治思想与政治意识产生冲击。一方面，在中国乡村发展的历史过程中，官本位、权力本位等传统政治意识一直影响着大多数乡村居民的行为。但是，社会主义乡村民主政治的发展对这些传统政治思想产生冲击，使得这些传统政治意识在乡村居民头脑中逐渐解体。乡村社会个体在追求权利的同时，不断地注重个人自身能力的提高与自我权利的行使，这些成为强化人口流动性的重要因素。另一方面，传统乡村既存的高度集中的政治权力被打破，乡村居民的权利意识不断提升。这使得乡村居民的个人自主性确定，自由意志得以发挥，独立性和个性不断增强，摆脱了乡村个体的依附性和奴役性，为人口流动提供了良好的自

---

① 转引自池子华《农民工与近代社会变迁》，安徽人民出版社2006年版，第41页。

主性空间。

2. 乡村政府职能的转变

乡村政府在乡村社会发展中扮演着重要角色，承担着重要职责，也在很大程度上影响了乡村居民外出务工的行为选择。在计划经济年代，基层政府对整个农村的治理展现的是控制性治理模式。全能型政府的存在则是改革开放前中国乡村政府的具体表现。大大小小的事情都控制在乡村政府手中，外出务工这一形成新生代农民工的基本条件也在全能型政府的整体性控制下受到限制。乡村政府由全能政府转变为有限政府后，关注的是宏观指导和服务性工作。乡村整体控制一旦松绑，乡村居民个体的自主性、主动性和积极性就得以彰显，外出务工则成为可能。当代中国农村随着乡村自治的形成和发展，基层政府的职能正在由过去的全能型、控制性政府变为有限型、服务性政府。这种转变有利于提高乡村居民主体的积极性，进一步推动外出务工现象的产生。首先，由于基层政府事无巨细的管理，乡村居民强化了政府的依赖性，个体缺乏应有的自主性和选择性，从而导致社会主体的依赖意识产生和外出务工行为的控制，不利于流动人口的形成。其次，由于基层政府将主要的关注点放在如何对乡村的控制上，而忽视了激发社会主体的创造性，服务性职能的确定使基层政府更多地关注乡村社会个体的所思所求，必然会为乡村居民外出务工提供良好的政策支撑和权利保护，从而进一步激发乡村社会个体外出务工的动力，产生更多的新生代农民工。

3. 基层政治晋升考核机制的变迁

在当代中国，考察乡村的变化，不得不关注两个因素：财政支持和政治晋升。[①] 在改革开放之前，基层政府的工作人员关注的更多的是上级摊派的指标，除了经济发展之外，主要是提留的收取、计划生育的管理和控制等。这些构成基层政府工作人员政治晋升的有效资源，而且只能成功。如果失败，则有可能影响到他们的政绩考核，甚至会影响到乡镇政府工作人员官职的升迁和调动。获得提留的缴收和

---

① 于群博、童辉：《项目制：一种新的国家模式的文献综述》，《南京农业大学学报》（社会科学版）2016 年第 3 期。

计划生育的较好管理与控制的办法，就是使全部乡村居民依附于土地，使他们处于一个不流动或流动范围较小的相对封闭区域中。这一考核机制限制了部分乡村居民外出务工的行为。但是，随着社会的发展，基层政府的考核指标发生了变化。现在，基层政府的工作人员除了经济发展之外，还有维护社会稳定的重要任务。外出务工人员为了留守家里的人员的生存，每年都会从外面汇款，用于留乡亲属的生活补贴。毫无疑问，这些外出务工人员的汇款成为乡村经济发展的巨大资源。同时，一些外出的农民工在获得了自我价值的实现之后，又返回到乡村创业，为乡村经济发展提供了推动力。当越来越多的外出务工人员从本区域走出去之后，维护社会稳定的工作压力就有所减小。因此，从这些层面上说，在乡村基层政府工作人员绩效考核变迁的背景下，他们对外出务工人员现象持欢迎和赞同的态度，这也进一步推动新生代农民工的产生。

4. 当代中国法律体系的建构

新生代农民工的形成离不开相关的法律制度。对于外出务工的农民来说，他们走入一个陌生的社会，感受到的是自己不熟悉的环境。封闭环境下的乡规民俗、坊间流言等隐性约束失效，必须有保护自己权利和合法利益的法律体系。我们可以从熊德清的欠薪呐喊一直到现在为解决农民工工资问题而出台的种种规章制度中，看到在法律建构过程中外出农民工的权益保护，而这些权益的保护依赖于法律体系的完善。现在，从整体上说，当代中国的法律体系已形成，外出农民工的保护制度得以增强，农民工权益得到应有的、及时的保障，推动了外出务工人员的积极性，从而使得一代又一代农民从土地上解放出来，不断壮大着新生代农民工的队伍。

(三) 新生代农民工产生的社会因素

新生代农民工的形成具有深厚的社会背景。户籍制度的存在、家庭结构的变迁以及社会保障制度的建构与完善等，构成新生代农民工产生的社会因素。

1. 户籍制度的存在

中华人民共和国成立后，面对实现社会主义工业化，改变一穷二白的现实需要，为了集中有限的资源，我国在20世纪50年代末实行

第一章　新生代农民工：社会变迁中的特殊群体　15

了在当时看来具有重要价值的户籍制度。通过严格限制农村人口流入城市，从而集中全国有限的资源发展社会主义工业。但是这种制度一经实行，就在很大程度上堵住农村人口自主自由流向城市迁移的途径，客观上形成城乡分割对立。城市与农村间因户籍制度而筑起一道无形的高墙，使中国人口区隔为农业户口和非农业户口，这使得新生代农民工具有了"农"的属性。

改革开放以后，大规模的人口流动对户籍制度造成强大的冲击，户籍制度限制人口流动的基础事实上已经动摇。① 因户籍制度的变化，一些农民可以逐渐地到城市或经济发达地区务工，从而将发达地区的繁荣和贫穷地区的落后展示于外出务工人员群体的视野中。布里代尔（Braudel）认为，从空间上说，存在三种构架，"中心或核心，包含了所有最先进的事物和极其丰富的事物。中间地带，尽管它包括中心地带各种事物的一些部分，然而它只能享有其余部分收益，中间地带是'第二位'的地带。广大的边缘地带，伴随着分散的人口，集中体现了落后、过时以及其他地区对其的剥夺"②。外出务工人员逐渐看到这种非均衡的发展状态，而且也认为这种非均衡的发展状态不可能在短期内得到有效改善。大多数时候，人们是在生活约束下按照自己的偏好自行选择过怎样的生活。当户籍制度放开后，农民可以自由进入城市时，这种自我选择就具有意识性。城市的发展也需要更多的劳动力。农村生产发展水平低下产生的推力和城市繁荣发展产生的拉力，使得越来越多的农村人走入城市务工，形成"工人"的属性。

2. 社会保障体系的建构和完善

社会保障政策体系的建构与完善，促使新生代农民工的产生。党的十八届三中全会指出，要推进农业转移人口市民化，逐步把符合条件的农业转移人口转为城镇居民。农业转移人口是我国经济社会发展过程中出现并日益扩大的特殊群体，他们遍布全国各个地区，工作于各行各业，为我国的工业化发展做出巨大贡献，同时也成为推进城镇

---

① 熊光清：《制度设定、话语建构与社会合意——对"农民工"概念的解析》，《中国人民大学学报》2011年第5期。
② 转引自［法］菲利普·库姆斯《经济地理学：区域和国家一体化》，安虎森等译，中国人民大学出版社2011年版，第10—11页。

化进程的主导力量。作为城镇化的一分子，由于我国长期以来实行城乡分治的户籍管理制度，农业转移人口虽已实现了职业转换，一直在城镇务工或者经商，但却难以实现家庭地域的转移和身份的改变，依然在农村定居，依然是农民身份，常常奔波于城乡之间，不能和具有城镇户籍的居民享受同样的公共服务待遇，难以全面融入城市，成为真正意义上的城镇居民。这种具有中国特色的不彻底转移方式，导致农业转移人口市民化不充分。① 不充分的原因在于，新生代农民工缺失现代社会保障体系。国家已看到这个短板，不断地完善新生代农民工的社会保障体系，各级政府都在积极落实农民工的权益保护工作，他们的社会保险、医疗保险、失业保险、住房保险和教育保障问题在分批解决。其一，把他们纳入城镇职工社保和失保体系，使他们在脱离土地后，失业有低保托底，退休时有社会统筹养老；其二，让他们病有所医，教有所学，着重于生存技能培训和再教育；其三，保障他们居者有其屋，确保他们最终转变为"市民"；其四，对于"80后"农民工，他们的子女幼教及入学必须以输入地政府的公办教育承担为主。②

3. 家庭结构的变迁

家庭是社会的重要单元。我国的家庭结构在从传统社会向现代社会变迁过程中发生着重要变化，并进一步导致新生代农民工的产生。

首先，特定年代的计划生育政策在新生代农民工的形成上发挥重要影响。我国绝大多数家庭的家庭结构随着计划生育政策的推行而发生变化，逐渐由多子女家庭转换为独生子女或两孩家庭。置于社会大背景之下，独生子女在家庭生活中的地位和待遇相较之前得到明显提高，父辈的关爱集于一身，慢慢养成以自我为中心的性格，拥有较强个体独立意识。这种个性的提升和张扬，使他们越来越摆脱传统乡村社会的固有模式，更愿意看到外面精彩的世界，哪怕这个世界不能够提供给自己生存的狭小空间。他们勇于改变的个性，使他们逐渐在城

---

① 王建国：《多措并举推进农业转移人口市民化》，《河南日报》2015年8月19日第9版。

② 李洪梅：《对新生代农民工权益保障制度建设的思考》，《当代经济》2010年第14期。

市或经济发达地区集聚起来，不断壮大着新生代农民工群体的规模。

其次，老生代农民工外出打工，因经济等原因无法将子女带到身边，行使监护人的责任，不得不将他们交给自己的父母。儿童的生活世界除了自我成长之外，还需要家长的关爱与呵护。但对留守儿童来说，他们很难从父母那里得到这些。从小就生活在爷爷奶奶等祖辈照顾下，留守儿童的"隔代教育"成为既存的经常状态。这些特定祖辈监护人因年龄较大、文化水平较低，未能将家庭的教育功能发挥好。学校教育由于办学条件较差、师资力量与水平较低等，也不能产生较好效果。家庭教育和学校教育的低效，使得部分青少年不愿学习，产生一定数量的厌学、逃学、辍学的青少年。李强通过实证研究得出结论，其他情况均相同的条件下，母亲外出务工将会使青少年辍学的概率显著增加 13.4%。① 这些辍学的青少年便跟随亲友进城务工，加入新生代农民工队伍中来。

（四）新生代农民工产生的文化因素

新生代农民工的产生离不开文化因素的影响。传统文化遗存下来的消极因素的当代嬗变以及教育程度和水平的提升，则构成产生新生代农民工的文化条件。

1. 传统文化中一些保守思想在现代市场冲击下影响式微

在五千多年的文明发展史中，传统文化成为中国悠悠历史长河中不可或缺的组成部分，特别是一些积极的优秀民族文化激励了一代又一代中国人民奋发向上，努力进取，百折不挠，成为当代中国发展以及历史变迁中的不竭动力。在中华传统文化中，既有的一些消极因素一直对封闭的农村社会产生影响，但在改革开放过程中，这种影响逐渐得到解放，促进新生代农民工的产生。

首先，传统文化中既存的"小富即安"、易于知足的保守文化，在现代市场经济的冲击下影响渐弱。中国乡村开始能打破现状，愿意出去冒险。这种状况影响了新生代农民工的价值观念和行为选择，进一步推动外出务工农民开拓进取、与时俱进、勇于担当精神的形成，

---

① 李强：《大国空村：农村留守儿童、妇女与老人》，中国经济出版社2015年版，第68页。

成为推动乡村居民外出务工的精神动力。

其次，农村社会中儒家文化的影响式微。儒家文化一直以来主导着两千多年的漫长的封建社会，使封闭的中国人常常重人事而轻自然，重服从而轻超越，重内扬而轻个性。① 但在改革开放后，农村儒家文化的影响被削弱，农民个体的自主性、自由个体意识得以张扬，创造与创新精神得以显现，提供了新生代农民工形成的文化基因。

最后，乡村社会中既存的成败认同的文化发生变化。长期以来，在乡村社会中，由于深受传统文化消极因素的影响，过度地强调"成者为王，败者为寇"，这种思想对失败者缺乏宽容。在这种文化影响下，当社会个体进行某种行为时，首先想到的是如果自己失败了，该如何面对他人的问题。对于农民工来说，如果到外面打工，没有赚到钱或混得不好的话，乡村社会中的他人会不会认为自己是没有能力的人，是个失败者。这种现象在农村走向开放后逐渐发生变化。乡村社会中逐渐形成容忍所谓"失败者"的社会氛围，使得乡村的成败认同标准发生变迁，从而促进一批批外出务工人员的产生。

2. 教育水平的提升

在社会个体文化教育程度不高甚至是文盲的时代，乡村对他来说是熟悉的，因为即使他不认识字，也知道他人叫什么名字，乡镇道路如何行走。在熟悉的乡村社会生活很多年的他们，基于长期积累的经验，这些对他们来说是毫无意义的。但当他到达一个陌生的地方时，道路、他人对他来说都是一个巨大的挑战。所以，文化教育程度对乡村社会的流动产生重要影响。列宁曾经指出，"在一个文盲的国家里是不能建成共产主义社会的"②。同样，我们也可以说，在一个文盲为主的国家里，不太可能会产生大范围的人口流动。基本普及九年义务教育与基本扫除青壮年文盲的"两基"工作，是提高国民整体受教育水平必须首先开展的活动。经过中国政府的不懈努力，我国文盲和半文盲数量逐年减少，特别是随着九年义务教育的普及，乡村居民文化程度大幅度提升。这些教育因素推动着新生代农民工的产生。

---

① 魏书胜：《中国古代哲学的道、理、术》，吉林人民出版社2012年版，第73页。
② 《列宁全集》第39卷，人民出版社1990年版，第309页。

第二节 新生代农民工研究现状与基本趋势

新生代农民工作为一个群体，一经出现，便对整个社会经济、政治、文化产生重要影响，成为城镇化的重要推动性力量，并因此成为众多学者研究的重点。但是，我们也应注意到，在科学研究产出过程中，一直存在着"价值关涉"与"价值无涉"的争论。切尼（Cherney）指出，在科学研究中，坚守价值无涉是一件十分困难的事情。[①] 随着科学技术的发展，数据的价值与作用凸显，在数据源出现持续爆发式增长的情况下，价值无涉这一主要关注"是什么"的命题出现可能性的曙光。正如哈佛大学的教授加里·金所言，"这是一场革命，庞大的数据资源使得各个领域开始了量化进程，无论是学术界、商界还是政府，所有领域都将开始这种进程"[②]。我们基于代表了特定时期学术论文数量与质量的中国知网（CNKI）[③] 数据库，借助大数据、语料库语言学研究方法量化分析学者关于新生代农民工的科学研究情况，探索其研究走向，总结研究过程中的经验与不足。

一 新生代农民工研究成果的量化分析

科学研究是指发生在学术界领域，旨在探究人文、社会和自然科学领域中真理的普遍理智创造活动，不仅体现出研究者的关注、偏好，也体现了一些特定研究机构的科学研究能力以及为服务经济社会发展所做贡献的大小。在 CNKI 数据库，我们选择了题名为"新生代农民工"这一关键词的研究成果。为了使获得的数据更为准确，我们将过滤条件设置为"精确"。根据所设置的过滤条件，笔者于 2018 年

---

① D. J. R. Cherney, "Western Coordinating Committee – 204 Goals and Why They Are Important to the Future of Animal Production Systems", *Poultry Science*, No. 83, 2004.

② 转引自张波《O2O 移动互联网时代的商业革命》，机械工业出版社 2013 年版，第 252 页。

③ 中国知网（CNKI）（http://www.cnki.net/）是目前世界上最大的连续动态更新的中国期刊全文数据库，收录国内 8200 多种重要期刊，内容涵盖基础科学、文史哲、工程科技、社会科学、农业、经济与管理科学、医药卫生、信息科技等十大领域，全文文献总量 2200 多万篇。

1月26日晚20点30分对CNKI数据库进行检索,检索出研究新生代农民工的研究成果共计7407篇。

(一) 新生代农民工研究成果总量分析

1. 新生代农民工研究成果的时间序列

科学研究具有特有规律,遵循从量变到质变、从少到多的变化过程。学者们关于新生代农民工的研究也遵循科学研究的基本规律,研究成果在时间上呈现出梯度上扬后然后下挫的倒U形态势。

从图1-1中可以看出,在2010年前,学者们关于新生代农民工的研究成果还停留在两位数上,但是在2010年,学者们的研究成果获得了量的突变,基本上是前一年研究成果数量的10倍,2011年达到历史的峰值。此后,对于新生代农民工的研究成果呈现逐年下降的趋势。科研总量基本上反映了学者们对新生代农民工研究的总体态度,也可以作为学者们关于新生代农民工科研成果和服务经济社会发展能力新进展的一个观测点。

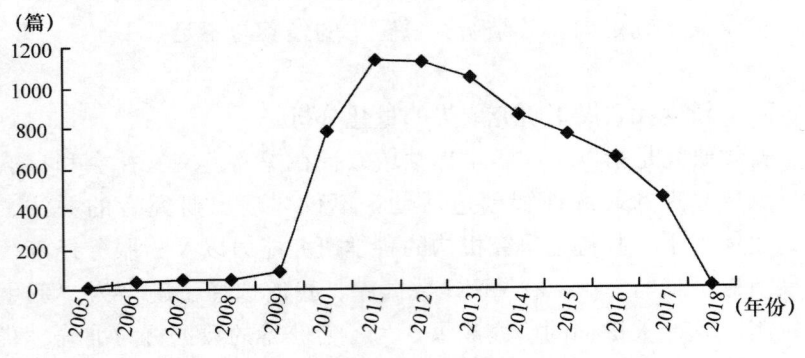

图1-1 新生代农民工研究成果的时间分布

在中国知网数据库中,获得的以"新生代农民工"为题名关键词的文献最早出现于2005年南京师范大学硕士生朱永安所写的硕士论文《新生代农民工研究》。在这篇硕士论文中,作者运用实证调查研究的方法,较为全面地分析了新生代农民工的特点,进一步探讨了新生代农民工在发展变化过程中对自己的角色认知和角色扮演等方面的问题,并有针对性地提出一些具有可操作性的举措。同时,作者运用了比较研究的方法，对比了新生代农民工和他们的父辈在职业选择、乡村社会联系、城市融入认知、社会交往、自我认同以及自我未来发展等方面的一致与变迁，并因此得出结论：农民工群体产生了分化，出现了内部结构差异化的现象。①

2. 新生代农民工研究成果的空间序列

（1）按新生代农民工研究成果所属学科分析

表1-1　　新生代农民工研究成果所属学科（取前20名）　　（篇）

所属学科	发文数	排名	所属学科	发文数	排名
政党及群众组织	3430	1	心理学	146	11
农业经济	1480	2	行政学及国家行政管理	141	12
宏观经济管理与可持续发展	1458	3	行政法及地方法制	92	13
人才学与劳动科学	1177	4	体育	88	15
成人教育与特殊教育	609	5	图书情报与数字图书馆	66	15
社会学及统计学	575	6	教育理论与教育管理	63	16
中国政治与国际政治	271	7	投资	59	17
企业经济	195	8	中国共产党	58	18
公安	161	9	工业经济	46	19
新闻与传媒	147	10	保险	38	20

表1-1的数据显示，学者们关于新生代农民工的研究大多从政党及群众组织的视角出发，其成果占全部成果的46.3%。另外，从经济学大类对新生代农民工进行研究的成果也较多，前20名属于经济学大类范畴的研究成果共计3276篇，占全部成果的44.2%。数据显示，从政治学的角度研究新生代农民工的研究成果共计271篇，仅占全部研究成果的3.6%，也从另一个侧面阐释了本书的研究价值。

---

① 朱永安：《新生代农民工研究》，硕士学位论文，南京师范大学，2005年。

(2) 按新生代农民工研究成果研究层次分析

表 1-2　　新生代农民工研究成果研究层次（取前 10 名）　　（篇）

研究层次	发文数	排名	研究层次	发文数	排名
基础研究（社科）	3783	1	大众文化	35	6
政策研究（社科）	1509	2	基础教育与中等职业教育	35	7
行业指导	1118	3	工程技术（自科）	33	8
职业指导	211	4	基础与应用基础研究（自科）	12	9
高等教育	131	5	经济信息	7	10

表 1-2 的数据显示，新生代农民工的研究成果绝大多数属于社会科学领域的研究成果，共 5292 篇，占全部文献产出总量的 71.4%。数据还显示，有学者从教育学的视角来研究新生代农民工问题，共产出文献 166 篇，从一个侧面说明新生代农民工或新生代农民工子女的教育问题也引起了社会的广泛关注。

(3) 按新生代农民工研究产出单位分析

表 1-3　　新生代农民工研究成果产出单位（取前 20 名）　　（篇）

所属单位	发文数	排名	所属单位	发文数	排名
吉林大学	97	1	湖南师范大学	144	11
南京大学	75	2	郑州大学	44	12
华中师范大学	73	3	沈阳师范大学	42	13
河北大学	67	4	江苏大学	41	15
中国人民大学	62	5	信阳师范学院	41	15
安徽大学	59	6	安徽师范大学	38	16
南京农业大学	55	7	北京师范大学	37	17
河南师范大学	50	8	华中科技大学	36	18
江西农业大学	47	9	东北财经大学	36	19
中南财经政法大学	45	10	西南财经大学	36	20

一般来说，在我国，基础性研究较强的当然属于"双一流"高校，它们具有较强的研究团队、持续的研究实力。表1-3向我们展示了关于新生代农民工研究成果产出的空间分布。通过表格数据可以看出，关于新生代农民工的研究，成果大多集中于"双一流"高校，也间接验证了表1-2的结果。研究成果总量的多少反映出关于新生代农民工的研究在空间场域上的分布差异和失衡。那些非重点高校需要找到突破口，实现研究成果量的提升。

（二）新生代农民工研究成果刊发类型的分析

1. 新生代农民工研究成果刊发类型

表1-4　　　　　新生代农民工研究成果刊发类型　　　　　（篇）

种类	期刊论文	国内会议论文	国际会议论文	辑刊论文	硕士论文	博士论文	报纸文章	总量
发文数	4905	112	8	37	970	36	1339	7407

学者们共产出7407篇关于新生代农民工的研究成果，其中4905篇刊发于各类期刊上。如果加上发表在辑刊上的37篇论文，发表在各类期刊的科研成果总数为4942篇，占全部文献产出量的66.7%。同时，以新生代农民工作为自己研究对象的学位论文数量只有1006篇（包含获得学位的作者在任职期间以单位署名的论文），特别是反映中国学术研究最高水平的博士论文只有36篇，仅占全部产出文献的0.48%，说明高水平、高规格的研究成果对广大学者来说还任重道远。从表1-4数据来看，关于新生代农民工的研究成果在国内、国际会议交流的情况不太理想，特别是以文赴国际会议的研究成果更少，这需要更多的学者一起努力，向国际社会传递中国新生代农民工的基本状况。

2. 科研总数前20名的期刊或报纸名录

对关于新生代农民工的6281篇文章（其中，期刊论文4942篇，报纸文章1339篇）进行统计分析，发现这些科研成果共发表在1325种期刊或报纸上，平均每种期刊或报纸发表的科研数量为4.74篇。

只刊载 1 篇科研成果的期刊或报纸有 573 种，刊载 2 篇科研成果的期刊有 777 种。科研总数前 20 名的期刊或报纸见表 1-5。这 20 种期刊或报纸共刊发研究成果 907 篇，占总数的 14.4%。表 1-5 的数据同时显示，关于新生代农民工的研究成果刊发于核心期刊的总量不是很多，说明关于新生代农民工研究的质量需要进一步提升，也间接验证了表 1-4 的部分结论。

表 1-5　新生代农民工研究成果刊发期刊或报纸名录（取前 20 名）　（篇）

排名	期刊名	发文数	排名	期刊名	发文数
1	中国青年研究	93	11	青年探索	39
2	农业经济	79	12	继续教育研究	37
3	安徽农业科学	60	13	人民论坛	36
4	经济研究导刊	56	14	中国集体经济	36
5	成人教育	51	15	农村经济	35
6	农村经济与科技	49	16	职教通讯	34
7	职教论坛	48	17	调研世界	32
8	法制与社会	46	18	职业技术教育	31
9	中国成人教育	45	19	当代青年研究	31
10	学理论	40	20	中国劳动关系学院学报	29

（三）新生代农民工研究成果的影响力分析

科研影响力主要从学术论文的下载数与被引数来论证，这两个数字基本上显示出他人对该文献的关注度，也体现出该文献的科研影响力。

1. 新生代农民工研究成果的引文数分析

通常情况下，学术论文的被引用次数与该文献的学术影响力之间存在高度的正相关性。因此，克罗克（Richard J. Kroc）指出，引文分析不仅是一种科学有效的管理工具，也是研究者重要的研究方法，对有效地评测科研活动具有重要的工具性价值。① 表 1-6 为新生代农民工研究成果被引用次数分析。

表 1-6　　　　　　　新生代农民工研究成果被引用次数

被引数（n）	n=0	1≤n<5	5≤n<10	10≤n<15	15≤n<20	20≤n<25	n≥25
论文数	2897	2295	1269	333	181	79	353

通过对 7407 篇关于新生代农民工研究成果的引用情况进行统计分析可以看出，新生代农民工研究成果中，有 2897 篇文献没有被引用，占科研成果总数的 39%；被引用超过 10 次以上的文献只有 946 篇，仅占研究成果总数的 13%，说明新生代农民工研究成果的总体影响力较小。其中，被引用次数最多的研究成果是王春光发表于《青年探索》2010 年第 3 期的《新生代农民工城市融入进程及问题的社会学分析》一文，被引次数达到 433 次。在这篇文献中，作者分析了新生代农民工与他们父辈对于乡土情感的差异，阐述了新生代农民工融入城市面临的三大张力，提出了改革城乡体制、建构城乡一体化现代社会管理制度等举措。②

2. 新生代农民工研究成果的下载数分析

学术论文的下载次数从直观上能体现出该科研成果被阅读的基本情况，进而体现出该文献的学术影响力和学术价值。基于此，活森指出，科研成果的下载量和影响力之间具有密切联系，下载量的统计具有大数据研究的方法论价值。③

我们对学界关于新生代农民工 7407 篇研究成果的下载数进行统计之后发现，这些科研成果中，从没有被下载过的有 34 篇，下载数低于 50 次的高达 2330 篇，占全部研究成果总数的 31%，这也从一个

---

① Richard J. Kroc, "Using Citation Analysis to Assess Scholarly Productivity", *Educational Researcher*, No. 13, 1984.

② 王春光：《新生代农民工城市融入进程及问题的社会学分析》，《青年探索》2010 年第 3 期。

③ Andrew B. Watson, "Measuring Demand for Online Articles at the Journal of Vision", *Journal of Vision*, No. 7, 2007.

侧面说明关于新生代农民工研究成果的总体影响力较低（见表1-7）。其中，下载数最多的是徐细雄、淦未宇发表于《管理世界》2011年第12期的《组织支持契合、心理授权与雇员组织承诺：一个新生代农民工雇佣关系管理的理论框架——基于海底捞的案例研究》一文，该文献被下载11078次。在该文献中，作者从微观企业层面运用案例研究的方法，通过建构新生代农民工雇佣关系管理的研究框架，发现组织支持契合、心理授权与雇员组织承诺三者间存在较为复杂的关系，为解决新生代农民工问题提供了新的启示与思路。①

表1-7　　　　新生代农民工研究成果被下载次数

下载数（n）	$n=0$	$1 \leqslant n < 50$	$50 \leqslant n < 100$	$100 \leqslant n < 150$	$150 \leqslant n < 200$	$200 \leqslant n < 250$	$n \geqslant 250$
论文数	34	2296	1124	803	575	404	2171

（四）新生代农民工研究成果的研究者分析

1. 新生代农民工研究成果的研究者类型分析

统计显示，关于新生代农民工的研究成果，绝大多数为个人独立完成，合作完成的科研数量偏少（见表1-8）。这反映出关于新生代农民工的研究在科学研究中交叉合作活动不够活跃，同时也反映出关于新生代农民工研究的特定学科的学派或学术共同体未能形成。

表1-8　　　　新生代农民工研究成果的研究者类型分析

研究者类型	独立研究者	合作研究者	总数
发文数（篇）	5317	2090	7407
占比	72%	28%	100%

2. 新生代农民工研究成果的研究者生产力分析

为了统计的准确性，我们将合作研究者算作一位，据此对7407

---

① 徐细雄、淦未宇：《组织支持契合、心理授权与雇员组织承诺：一个新生代农民工雇佣关系管理的理论框架——基于海底捞的案例研究》，《管理世界》2011年第12期。

篇关于新生代农民工的研究成果进行统计分析后发现，7407篇科研成果由6268位研究者完成，平均每位研究者的成果量为1.18篇（见表1-9）。

表1-9　新生代农民工研究成果的研究者生产力分析

研究者成果数（n）	n=1	n=2	n=3	n=4	n≥5
研究者总数	5624	458	98	44	44

统计显示，关于新生代农民工研究成果中存在高产者与低产者的差异，科研的生产效率在研究者群之间的分布是不均衡的。只发表1篇研究成果的研究者数量占比较大，达到5624位，占比90%；研究成果数在5篇以上的研究者只有44位，占比0.07%。这显示出作者在研究新生代农民工时存在研究领域较为分散等问题，重点学科、学科带头人或领军人物的科研能力未能得到充分发挥，集群性研究成果并不多见。

（五）新生代农民工研究成果的资助情况分析

研究成果获得相关部门或单位的资助，体现了该部门或单位对新生代农民工相关问题的重视程度，是考察相关问题社会影响力和社会关注度的重要指标。通过对7407篇有关新生代农民工研究成果进行项目资助情况的统计分析，我们发现，共有1138篇研究成果获得各类部门或单位的项目资助，占全部文献产出的15.4%，尤其是受到国家层面资助的研究成果数达到783篇，占全部研究成果的10%，体现出新生代农民工问题的重要性和较强的社会关注度。但同时，仍然有84.6%的研究成果没有受到任何项目资助（见表1-10）。

表1-10　新生代农民工研究成果的资助情况分析

项目类别	国家级	省部级	市厅级	其他	无资助
研究成果数（篇）	783	148	124	83	6269

二 新生代农民工研究成果的基本走向

作为文本性研究的语料库研究方法，是基于特定文本建构语料库，并对此语料库实际使用语言进行语言学的研究。它一方面尊重语言使用的客观事实，另一方面也保证了价值无涉的立场，即研究结果不受研究者主观判断的影响，进而达至精确、客观的定量分析。传统的语料库分析工具——smith tool 6.0 基于英文语种开发，对英文语料库的分析具有自己的优势，但是对语料库为汉语的文本进行分析则优势弱化。为此，我们对此工具进行改进，使其更符合中文语境。笔者运用改进后的 smith tool 6.0 语料库分析工具，以谷歌中文搜索引擎中的汉语词库为参考语料库，以 7407 篇新生代农民工研究成果的题目为专用语料库，对 7407 篇研究成果题目进行词频与词丛的统计分析，以解析关于新生代农民工问题研究的基本动态。

（一）新生代农民工研究成果的词频分析

语言演变与社会变迁之间存在特定正相关性，作为反映语言演化的词频的变化反映出社会生活的需要和变迁。在此意义上，陈建民说，"词频往往是社会变化的寒暑表"①。词语在文本中出现的次数显示出该文本对于此种词语的重视或此种词语在该文本中的地位。因此，对语料库文本进行词频分析，可以看出此语料库文本关注了哪些方面。

对 7407 篇关于新生代农民工研究成果的题目进行专用语料库词频分析，过滤题目中的"新生代""农民""民工"以及"农民工"等必要主题词后，我们发现，除了"研究""问题""分析""探析"等常用于科研题目的词语之外，新生代农民工研究成果呈现出以下几个基本态势：一是应用层面的研究较多。如"为例""对策""影响""调查""现状""因素""实证""困境""路径""认同"等词出现的频率较高，这些词语也是在科研中论述与分析现实问题时常用到的字眼。二是关注新生代农民工教育方面的研究较多。研究者在关注新生代农民工子女教育的同时，也将新生代农民工自身的发展与教育作

---

① 陈建民：《中国语言和中国社会》，广东教育出版社 1999 年版，第 24 页。

为自己研究的兴趣点和关注点。比如，统计结果中出现的"教育""培训""职业""发展""保障"这些高频词则体现出这一点。三是研究新生代农民工问题的学者的研究兴趣集中在国内。从国内问题出发，一般是很多研究者研究的路径与逻辑选择，这也体现出研究者的研究兴趣。高频词如"城市""市民""融入"则体现出这一鲜明的研究动态。四是研究者的研究常常借助某一理论，采取交叉学科的研究方法展开研究。这体现于"社会""基于""政治""文化""心理"这些高频词的使用，也说明研究者较全面地对新生代农民工问题进行了探讨（见表1-11）。

表1-11 新生代农民工研究成果主题词及其出现次数（取前30名）

研究（2452次）、问题（1063次）、社会（927次）、分析（849次）、基于（798次）、城市（777次）、教育（633次）、市民（583次）、为例（579次）、融入（575次）、对策（561次）、影响（546次）、调查（536次）、就业（500次）、培训（435次）、职业（426次）、视角（397次）、因素（365次）、现状（282次）、探析（277次）、困境（273次）、保障（270次）、政治（257次）、实证（253次）、路径（237次）、文化（229次）、心理（225次）、认同（222次）、发展（216次）、参与（201次）

（二）新生代农民工研究成果的词丛分析

词丛是多个词语组成的词块，有时是一种固定搭配，有时这种搭配并不是严格意义上的，但能从中提出一些有用的搭配序列，也能反映出语料库中频繁出现的不同长度的连续词语序列，如词丛有2词词丛、3词词丛、4词词丛等。我们从新生代农民工研究动态的四个层面分别选择一个高频词进行词丛分析，探讨研究者研究的关注点与兴趣偏好（见表1-12）。

表1-12 新生代农民工研究成果词丛及其例词

类别	选择的高频词	例词
应用研究	为例（579次）	以××省（市、区、镇、村、企业）为例、以工作满意度为例、以实地调查为例、以实证研究为例、以《××报》为例
教育研究	教育（633次）	思想政治教育、教育培训、职业教育、继续教育、子女教育、教育需求、教育支持、教育模式

续表

类别	选择的高频词	例词
国内研究	社会（927次）	社会融入、社会认同、社会组织、社会支持、社会网络、社会保险（保障）、社会流动、社会学、社会治理、社会和谐
交叉研究	基于（798次）	基于收入、基于××省（市、区、镇、村、企业）、基于意愿、基于资源、基于社会、基于组织、基于情境、基于身份

通过对新生代农民工研究成果词丛的统计与分析，可以看到，在应用类别的研究中，研究者纷纷关注特定区域的新生代农民工的生产生活状况，注重调查研究，以实证方法分析新生代农民工的特定问题。在教育类别的研究中，研究者关注新生代农民工的子女教育以及新生代农民工自身的教育培训、继续教育与职业教育等。对国内研究情况进行的数据统计显示，研究者关注的是新生代农民工的社会融入、社会认同、社会网络、自身组织发展情况以及社会保障等问题。从交叉研究方法来看，研究者较多地从经济学、心理学和社会学的角度来研究新生代农民工的相关问题。

三 简短结论

目前，中国的社会转型正在加速，对于超大型的发展中国家来说，实现人口的城镇化是中国政府面临的一个巨大难题。城镇化完成的一个重要标志，就是使相当部分的农村人口走进城市变为城市市民。但我们始终清楚一个逻辑：农村人口走进城市变为城市居民，这是数量的体现，绝不是与现代化相协调的城市化，这里面还有人的现代化和城市化的问题。这些问题可能都会在新生代农民工这一代人身上出现。因此，对新生代农民工的研究，再怎么强调其重要性都不为过。就已有的新生代农民工研究成果来说，主要体现了以下几个方面的特点。

第一，随着新生代农民工问题的出现，关于新生代农民工问题的研究成果逐渐增多，产生了集聚现象，研究总量随着时间的推进而增加，呈现快速增长的趋势。但同时，科研生产力结构显示，新生代农民工的研究成果存在区域发展不平衡等特点。

第二，新生代农民工的研究成果发表在各种期刊中，绝大多数期刊只刊发了有关新生代农民工问题研究的一两篇科研成果，刊载较多科研成果的期刊基本上为非核心期刊。同时，从研究成果类别来看，研究者参与国际与国内会议的次数较少，科研影响力与关注度较低，有较大比例的科研成果自刊发以来从未被他人引用过，有相当数量的科研成果的下载量较低。

第三，对新生代农民工问题进行研究的作者，平均发文量较少，只发表一篇论文的研究者数量占比较大。在新生代农民工问题的研究过程中，核心研究者缺乏，学科带头人与学科领军人物的作用未能有效发挥或显现。

第四，关于新生代农民工问题的研究，呈现出四个基本走向：应用层面的研究较多；关注新生代农民工教育方面的研究较多；研究新生代农民工问题的学者的研究兴趣聚焦于国内；常常借助某一理论采取交叉学科的研究方法研究新生代农民工的特定问题。

第三节 研究样本获取与描述分析

在社会主义市场经济的发展过程中，长三角与珠三角凭借较好的区位优势、政策支持与交通条件，率先发展起来。较强的吸引力使得这两个地区聚集了大量的新生代农民工。我们在长三角地区进行了为期3个月的新老农民工利益表达方面的调研，设计了总计58道题目的调研问卷，包含利益表达的结构、过程与效能等面向。调查对象涉及长三角新老农民工主要聚集地的宁波、杭州与嘉兴三市，获得一手调研样本2932份。

一 样本的人口变量描述

每一社会个体都体现着一定社会生产方式影响下，在特定时空内经社会关系而联结成的自然属性与社会属性的统一。人口变量体现着每一社会个体所固有的特点，是影响其行为的重要指标。因此，研究人口变量与各种行为的关系，成为各种统计分析模型的重要内容。

(一) 样本的性别分布

"毫无疑问，一个人的生物学性别会直接影响其社会性别，而且多数情况下，一个人从解剖学上来说是男性的人，其社会性别也是男性。……以此为基础，男女的社会性别也会存在差别，他们在价值观、文化信念和思想意识等方面可能不同。"[①] 这种不同使得男女因性别差异而产生出行为选择的差异性，这也是我们要探讨性别分布的原因。

表 1-13　　　　　　　　新老农民工的性别分布

		频率（人）	百分比(%)	有效百分比(%)	累计百分比(%)
有效	男	2064	70.4	71.2	71.2
	女	836	28.5	28.8	100.0
	合计	2900	98.9	100.0	
缺失	系统	32	1.1		
合计		2932	100.0		

从表 1-13 中可以看出，调查获得的 2932 份样本中，共有男性 2064 人，占全部样本量的 70.4%；女性有 836 人，占全部样本量的 28.5%；未填写自己性别的人数有 32 人，占全部总样本的 1.1%。

(二) 样本的年龄分布

年龄是样本的重要人口性变量。在问卷中，我们请被调查人回应选择自己属于"50 后""60 后""70 后""80 后""90 后"还是"00 后"，以准确了解被调查人的年龄及对其他变量的影响。

从表 1-14 中可以看到，被调查者属于"50 后""60 后""70 后""80 后""90 后""00 后"的分别有 301 人、662 人、862 人、525 人、565 人和 15 人，分别占全部样本量的 10.3%、22.6%、29.4%、17.9%、19.3% 和 0.5%，还有总样本量的 0.1% 共 2 人未在调查问卷中书写自己的年龄。

---

① 高兵：《跨文化心理学研究》，中央民族大学出版社 2010 年版，第 295 页。

第一章 新生代农民工：社会变迁中的特殊群体

根据本书对新生代农民工概念的界定，我们将"50后""60后"与"70后"的被调查者归类于老生代农民工，将"80后""90后"以及"00后"的被调查者归类于新生代农民工。

表1–14　　　　　新老农民工的年龄分布

		频率（人）	百分比（%）	有效百分比（%）	累计百分比（%）
有效	"50后"	301	10.3	10.3	10.3
	"60后"	662	22.6	22.6	32.9
	"70后"	862	29.4	29.4	62.3
	"80后"	525	17.9	17.9	80.2
	"90后"	565	19.3	19.3	99.5
	"00后"	15	0.5	0.5	100.0
	合计	2930	99.9	100.0	
缺失	系统	2	0.1		
合计		2932	100.0		

表1–15　　　　　新老农民工分布

		频率（人）	百分比（%）	有效百分比（%）	累计百分比（%）
有效	老生代	1825	62.2	62.3	62.3
	新生代	1105	37.7	37.7	100.0
	合计	2930	99.9	100.0	
缺失	系统	2	0.1		
合计		2932	100.0		

由表1–15可以看到，2932份样本中，老生代农民工有1825位，占全部样本量的62.2%；新生代农民工有1105位，占全部样本量的37.7%；另外，还有2人未书写自己的年龄。

（三）样本的学历分布

表 1-16　　　　　　　　新老农民工的学历分布

		频率（人）	百分比（%）	有效百分比（%）	累计百分比（%）
有效	不识字	59	2.0	2.0	2.0
	小学文化	405	13.8	13.8	15.9
	初中文化	1074	36.6	36.7	52.6
	高中文化	971	33.1	33.2	85.8
	大专及以上	416	14.2	14.2	100.0
	合计	2925	99.8	100.0	
缺失	系统	7	0.2		
合计		2932	100.0		

从表 1-16 可以看到，被调查的 2932 人中，不识字的有 59 人，占全部样本量的 2.0%；具有小学文化程度的有 405 人，占全部样本量的 13.8%；具有初中文化程度的有 1074 人，占全部样本量的 36.6%；具有高中文化程度的有 971 人，占全部样本量的 33.1%；大专及以上文化程度的被调查者有 416 人，占全部样本量的 14.2%。初高中文化程度的农民工占比相对较大，两者加在一起占全部总样本量的 69.7%。

从表 1-17 可以看出，在老生代农民工中，41.1% 的老生代农民工只具有初中文化程度，具有高中文化程度的占老生代农民工全体样本的 28.3%，位列第二位，位列第三位的是具有小学文化程度的，占比 19.4%。就新一代农民工来看，占比第一位的是具有高中以上文化程度的个体，占新生代农民工全部样本的 41.2%，位列第二位的是具有小学文化程度的个体，占新生代农民工全部样本的 29.54%，位列第三位的则是具有大专及以上文化程度的个体。从交叉表看，新生代农民工的受教育程度普遍高于父辈。文化程度的提升，使得乡村劳动力开始出现异质性，而这种异质性最突出地体现在劳动者的劳动技术水平上。① 一些具有较高文化程度的农民工开始因

---

① 敖荣军：《外商直接投资区位选择的劳动力质量因素研究》，《地理与地理信息科学》2008 年第 5 期。

知识的提高而形成较高的技能劳动能力，形成人力资本的自我积累，在外出务工中更易游刃有余。新生代农民工是其中的典型。新生代农民工教育水平的提升，使他们更易融入社会，接受规则，渴望实现市民化，从而表现出更多的不同于父辈的特点。

表 1-17　　　　　　　　　　新老归类与您的学历

			您的学历					合计
			不识字	小学文化	初中文化	高中文化	大专及以上	
新老归类	老生代	计数	48	353	750	517	156	1824
		新老归类中的 %	2.6%	19.4%	41.1%	28.3%	8.6%	100.0%
		您的学历中的 %	81.4%	87.2%	69.8%	53.3%	37.6%	62.4%
		总数的 %	1.6%	12.1%	25.7%	17.7%	5.3%	62.4%
	新生代	计数	11	52	324	453	259	1099
		新老归类中的 %	1.0%	4.7%	29.5%	41.2%	23.6%	100.0%
		您的学历中的 %	18.6%	12.8%	30.2%	46.7%	62.4%	37.6%
		总数的 %	0.4%	1.8%	11.1%	15.5%	8.9%	37.6%
合计		计数	59	405	1074	970	415	2923
		新老归类中的 %	2.0%	13.9%	36.7%	33.2%	14.2%	100.0%
		您的学历中的 %	100.0%	100.0%	100.0%	100.0%	100.0%	100.0%
		总数的 %	2.0%	13.9%	36.7%	33.2%	14.2%	100.0%

（四）样本的政治身份分布

政治身份是指一个人所参加的政治组织、政治团体，间接表明本人政治立场和政治观点。它作为农民工的一个重要变量和标志，影响着农民工个体的政治行为和价值观念。[①]

---

① 唐土红：《和谐社会与权力道德生态》，社会科学文献出版社 2012 年版，第 149 页。

表1-18　　　　　　　　　　新老农民工身份分布

		频率（人）	百分比（%）	有效百分比（%）	累积百分比（%）
有效	中共党员	229	7.8	7.8	7.8
	共青团员	352	12.0	12.0	19.9
	群众	2146	73.2	73.4	93.3
	民主党派	6	0.2	0.2	93.5
	无党派	190	6.5	6.5	100.0
	合计	2923	99.7	100.0	
缺失	系统	9	0.3		
合计		2932	100.0		

表1-18显示，全部2932份样本中，身份属于群众的人数最多，占比最大，分别是2146人和73.2%；具有共青团员和中共党员政治身份的人数也较多，分别为352人与229人。

表1-19　　　　　　　　　　新老归类及您的身份

			您的身份					合计
			中共党员	共青团员	群众	民主党派	无党派	
新老归类	老生代	计数	156	43	1539	3	83	1824
		新老归类中的 %	8.6%	2.4%	84.4%	0.2%	4.6%	100.0%
		您的身份中的 %	68.1%	12.3%	71.7%	50.0%	43.7%	62.4%
		总数的 %	5.3%	1.5%	52.7%	0.1%	2.8%	62.4%
	新生代	计数	73	308	606	3	107	1097
		新老归类中的 %	6.7%	28.1%	55.2%	0.3%	9.8%	100.0%
		您的身份中的 %	31.9%	87.7%	28.3%	50.0%	56.3%	37.6%
		总数的 %	2.5%	10.5%	20.7%	0.1%	3.7%	37.6%
合计		计数	229	351	2145	6	190	2921
		新老归类中的 %	7.8%	12.0%	73.4%	0.2%	6.5%	100.0%
		您的身份中的 %	100.0%	100.0%	100.0%	100.0%	100.0%	100.0%
		总数的 %	7.8%	12.0%	73.4%	0.2%	6.5%	100.0%

通过表1-19可以看到，具有中共党员政治身份的老生代农民工的相对占比要高于新生代农民工，具有共青团员政治身份的新生代农民工相对占比要高于老生代农民工。因此，我们要不断加强新生代农民工的宣传与组织工作，将更多优秀的新生代农民工吸引到中共党员的政治队伍中。

二　样本的社会变量描述

样本的社会变量体现着作为人的个体的社会属性特点，是在与外界联系过程中形成的特定社会关系的重要表现，体现着个体在社会环境下的自我成长和发展，也是自然属性在社会时间下延展的结果。因此，许多学者特别强调，除了"对那些可能改变实验结果的物理变量要加以控制之外"[1]，还要关注被调查者的社会变量的影响。

（一）月收入的描述性统计

表1-20　　　　　　　　　　您的月收入

		频率（人）	百分比（%）	有效百分比（%）	累计百分比（%）
有效	2000元以下	328	11.2	11.2	11.2
	2001—4000元	1261	43.0	43.0	54.2
	4001—6000元	733	25.0	25.0	79.2
	6001—10000元	522	17.8	17.8	97.1
	10001元以上	86	2.9	2.9	100.0
	合计	2930	99.9	100.0	
缺失	系统	2	0.1		
合计		2932	100.0		

郭震采用Mincer工资方程并运用多种工资分解方法，衡量了农民

---

[1] ［美］安妮·迈尔斯、克里斯廷·汉森：《实验心理学》，于国庆等译，江苏教育出版社2006年版，第159页。

工工资歧视在不同收入水平、不同区域、单位类型、行业、岗位的程度，并对如何解决农民工收入歧视问题提出解决策略。① 众多学者在研究中发现，虽然农民工工资随着国家经济的发展而显示出上升趋势，但总体上看，他们的工资水平仍然偏低。②

从表1-20可以看到，在2930份有效问卷中，收入在2001—4000元之间的农民工占比较大，占有效样本的43.0%；收入在4000元以下的农民工的比例占有效样本的54.2%；收入在10000元以上的农民工数量仅占有效样本的2.9%。这说明农民工的总体收入水平较低。

我们运用SPSS 20的交叉表分析方法，进一步探讨新老农民工收入的差异性，形成表1-21所示的数据。

表1-21　　　　　　　　您的月收入及新老归类

			新老归类		合计
			老生代	新生代	
您的月收入	2000元以下	计数	263	65	328
		您的月收入中的%	80.2%	19.8%	100.0%
		新老归类中的%	14.4%	5.9%	11.2%
		总数的%	9.0%	2.2%	11.2%
	2001—4000元	计数	689	571	1260
		您的月收入中的%	54.7%	45.3%	100.0%
		新老归类中的%	37.8%	51.7%	43.0%
		总数的%	23.5%	19.5%	43.0%
	4001—6000元	计数	455	277	732
		您的月收入中的%	62.2%	37.8%	100.0%
		新老归类中的%	24.9%	25.1%	25.0%
		总数的%	15.5%	9.5%	25.0%

---

① 郭震：《农民工收入歧视的衡量解决路径及对策研究》，经济管理出版社2015年版。
② 于丽敏：《农民工消费行为影响因素研究》，经济管理出版社2013年版，第83页。

续表

			新老归类		合计
			老生代	新生代	
您的月收入	6001—10000 元	计数	370	152	522
		您的月收入中的 %	70.9%	29.1%	100.0%
		新老归类中的 %	20.3%	13.8%	17.8%
		总数的 %	12.6%	5.2%	17.8%
	10001 元以上	计数	47	39	86
		您的月收入中的 %	54.7%	45.3%	100.0%
		新老归类中的 %	2.6%	3.5%	2.9%
		总数的 %	1.6%	1.3%	2.9%
合计		计数	1824	1104	2928
		您的月收入中的 %	62.3%	37.7%	100.0%
		新老归类中的 %	100.0%	100.0%	100.0%
		总数的 %	62.3%	37.7%	100.0%

表1-21的数据显示，收入在2000元以下的新生代农民工的占比低于老生代农民工，收入在2001—4000元间的老生代农民工占比低于新生代农民工，而收入在4001—6000元间以及10001元以上的新生代农民工占比要高于老生代农民工。这说明从总体上看，新生代农民工的收入要高于他们的父辈。

（二）外出务工原因的描述性统计

前文所述，农民外出务工是多种力量产生合力的结果，是一种历史的必然。为了获得新老农民工外出务工的原因，我们在问卷中设计了"您选择外出务工的原因"一道多选题，请被测试者从"家里土地少""孩子可以接受好的教育""挣钱""家庭团圆""获得发展机会"以及"其他"六个常见外出务工的主要原因中选择自己外出务工的原因，可以多选，最终形成表1-22所示的数据。

表1-22　　　　　　　　外出务工原因及个案百分比

		响应		个案百分比
		N	百分比	
外出原因	家里土地少	331	6.9%	11.3%
	孩子可以接受好的教育	1120	23.4%	38.4%
	挣钱	2013	42.0%	68.9%
	家庭团圆	217	4.5%	7.4%
	获得发展机会	756	15.8%	25.9%
	其他	357	7.4%	12.2%
总计		4794	100.0%	164.2%

表1-22的数据显示，42%的农民工大都因"挣钱"而选择外出打工；为了下一代能"接受更好的教育"而选择外出打工的农民工数据也不少，占全部应答响应4794次的23.4%；选择"获得发展机会"，实现自我的外出务工行为原因的农民工，占全部响应次数的15.8%。

为了对新老农民工选择外出务工行为的原因进行深入分析，我们运用SPSS 20的交叉表分析法，获得表1-23所示的数据。

表1-23　　　　　　　　外出务工原因及新老归类

			新老归类		总计
			老生代	新生代	
外出原因	家里土地少	计数	235	96	331
		外出务工原因内的 %	71.0%	29.0%	
		新老归类内的 %	12.9%	8.8%	
	孩子可以接受好的教育	计数	806	314	1120
		外出务工原因内的 %	72.0%	28.0%	
		新老归类内的 %	44.2%	28.6%	

续表

			新老归类		总计
			老生代	新生代	
外出原因	挣钱	计数	1274	738	2012
		外出务工原因内的 %	63.3%	36.7%	
		新老归类内的 %	69.9%	67.3%	
	家庭团圆	计数	129	88	217
		外出务工原因内的 %	59.4%	40.6%	
		新老归类内的 %	7.1%	8.0%	
	获得发展机会	计数	355	401	756
		外出务工原因内的 %	47.0%	53.0%	
		新老归类内的 %	19.5%	36.6%	
	其他	计数	212	144	356
		外出务工原因内的 %	59.6%	40.4%	
		新老归类内的 %	11.6%	13.1%	
总计		计数	1822	1096	2918

由表1-23数据可以看出，老生代农民工外出务工行为选择的原因除了挣钱外，还源于家里土地少和为了孩子可以接受好的教育，这三个原因选择的比例都高于新生代农民工。但是在"获得发展机会"这个行为选择上，新生代农民工的占比为53%，要高于他们的父辈47%的占比，阐释了新生代农民工更加关注自己价值的实现和个人能力的提升。

（三）工作关注的描述性统计

在农民工外出务工的实践中，他们最关心的是什么，不仅决定农民工利益表达行为选择，而且也影响着他们的融城意愿与工作热情。为了获得农民工在工作中最关心的问题，我们在问卷中设计了"在工作中，您最关注的是什么"多选题，要求受测试者从"是否有前景""工资是否高""老板是否对自己好""工作环境是否好""同事关系是否好""朋友是否多"等常见的影响工作情绪的原因中做出自己的选择。

表 1-24　　　　　在工作中您最关注的是什么频率

		响应		个案百分比
		N	百分比	
您最关注的是什么	是否有前景	964	16.1%	32.9%
	工资是否高	1970	32.9%	67.3%
	老板是否对自己好	876	14.6%	29.9%
	工作环境是否好	1113	18.6%	38.0%
	同事关系是否好	763	12.7%	26.1%
	朋友是否多	305	5.1%	10.4%
总计		5991	100.0%	204.8%

表 1-24 的数据显示，农民工在工作中最关心的事项为"工资是否高"，占全部响应次数的 32.9%，说明三成左右的农民工遵循的依然是货币逻辑。但仍然有 18.6% 选择了"工作环境是否好"以及有 16.1% 选择"是否有前景"。数据说明，在工作中，农民工对自我发展和社会权益也持较多的关注度。

那么，新老农民工对于工作中最关心的话题是否存在差异性呢？为了探讨这个问题，我们运用 SPSS 20 的多重响应交叉表分析方法，获得表 1-25 所示的数据。

表 1-25　　　　在工作中您最关注的是什么及新老归类

			新老归类		总计
			老生代	新生代	
您最关注的是什么	是否有前景	计数	472	491	963
		在工作中您最关注的是内的 %	49.0%	51.0%	
		新老归类内的 %	25.9%	44.7%	

续表

			新老归类		总计
			老生代	新生代	
您最关注的是什么	工资是否高	计数	1218	751	1969
		在工作中您最关注的是内的 %	61.9%	38.1%	
		新老归类内的 %	66.7%	68.3%	
	老板是否对自己好	计数	567	309	876
		在工作中您最关注的是内的 %	64.7%	35.3%	
		新老归类内的 %	31.1%	28.1%	
	工作环境是否好	计数	598	515	1113
		在工作中您最关注的是内的 %	53.7%	46.3%	
		新老归类内的 %	32.8%	46.9%	
	同事关系是否好	计数	451	311	762
		在工作中您最关注的是内的 %	59.2%	40.8%	
		新老归类内的 %	24.7%	28.3%	
	朋友是否多	计数	155	150	305
		在工作中您最关注的是内的 %	50.8%	49.2%	
		新老归类内的 %	8.5%	13.6%	
总计		计数	1825	1099	2924

表1-25的数据显示，新生代农民工除了对"发展前景"的关注度高于他们的父辈外，其他选项的占比，如对工资收入的关注、对朋友是否多的关注、对同事关系是否好的关注等方面的占比都低于他们的父辈。这除了验证表1-23的结论之外，还说明新生代农民工的个性得到彰显，个体独立性进一步增强。

（四）工作时间的描述性统计

国家统计局在2013年发布的《中国发展报告2012》对前两年中国外出农民工的工作时间做了统计，结果显示，外出农民工平均每天工作时间为 8.8 小时。① 时间长,压力大,成为外出务工农民工的工作常态。

表 1-26　　　　　　　您每天的工作时间

		频率（人）	百分比(%)	有效百分比(%)	累计百分比(%)
有效	8 小时以下	234	8.0	8.0	8.0
	8—10 小时	1238	42.2	42.5	50.5
	11—12 小时	1055	36.0	36.2	86.7
	12 小时以上	388	13.2	13.3	100.0
	合计	2915	99.4	100.0	
缺失	系统	17	0.6		
合计		2932	100.0		

表 1-26 的数据显示,农民工工作时间处于 8—12 小时的人数有 2293 人,占全部有效样本的 78.7%;工作 8 小时以下的农民工人数仅占有效样本的 8%。数据显示,广大农民工工作时间较长,属于自己个性发展的时间较少,这也验证了学者们的观点。

（五）工作困惑的描述性统计

在日常生活中,农民工总是表现出对特定问题的担心,这些问题除了经济问题之外,还有社会关系问题。为了了解农民工在工作中的困惑,我们在问卷中设计了"在工作中,您最困惑的是什么"这一道题目,要求被调查者从"老板对自己不好""上级不理解""同事不好处""工作时间长""工作太累""孩子教育问题"与"其他"七个选项中选择一个,将那些多选的样本作为缺失值,经统计后形成表 1-27 所示的数据。

---

① 转引自刘方涛、程云蕾《市民化:农民工向市民角色的转型》,光明日报出版社 2015 年版,第 35 页。

第一章 新生代农民工：社会变迁中的特殊群体

表1-27 在工作中，您最困惑的是什么

		频率（人）	百分比（%）	有效百分比（%）	累计百分比（%）
有效	老板对自己不好	315	10.7	11.2	11.2
	上级不理解	284	9.7	10.1	21.3
	同事不好处	239	8.2	8.5	29.8
	工作时间长	569	19.4	20.2	50.1
	工作太累	724	24.7	25.8	75.8
	孩子教育问题	361	12.3	12.8	88.7
	其他	318	10.8	11.3	100.0
	合计	2810	95.8	100.0	
缺失	系统	122	4.2		
合计		2932	100.0		

从表1-27中可以看出，在2810份有效问卷中，农民工在日常工作中最困惑的问题为"工作太累"，占比为有效样本的25.8%；其次为"工作时间太长"，占有效样本的20.2%。这直接验证了表1-26所得出的结论。

表1-28 在工作中，您最困惑的是什么及新老归类

			新老归类		合计
			老生代	新生代	
在工作中，您最困惑的是什么	老板对自己不好	计数	216	99	315
		在工作中，您最困惑的是什么中的 %	68.6%	31.4%	100.0%
		新老归类中的 %	11.9%	9.9%	11.2%
		总数的 %	7.7%	3.5%	11.2%
	上级不理解	计数	136	148	284
		在工作中，您最困惑的是什么中的 %	47.9%	52.1%	100.0%
		新老归类中的 %	7.5%	14.9%	10.1%
		总数的 %	4.8%	5.3%	10.1%

续表

			新老归类		合计
			老生代	新生代	
在工作中，您最困惑的是什么	同事不好处	计数	97	142	239
		在工作中，您最困惑的是什么中的 %	40.6%	59.4%	100.0%
		新老归类中的 %	5.4%	14.3%	8.5%
		总数的 %	3.5%	5.1%	8.5%
	工作时间长	计数	392	176	568
		在工作中，您最困惑的是什么中的 %	69.0%	31.0%	100.0%
		新老归类中的 %	21.6%	17.7%	20.2%
		总数的 %	14.0%	6.3%	20.2%
	工作太累	计数	519	204	723
		在工作中，您最困惑的是什么中的 %	71.8%	28.2%	100.0%
		新老归类中的 %	28.6%	20.5%	25.7%
		总数的 %	18.5%	7.3%	25.7%
	孩子教育问题	计数	286	75	361
		在工作中，您最困惑的是什么中的 %	79.2%	20.8%	100.0%
		新老归类中的 %	15.8%	7.5%	12.9%
		总数的 %	10.2%	2.7%	12.9%
	其他	计数	167	151	318
		在工作中，您最困惑的是什么中的 %	52.5%	47.5%	100.0%
		新老归类中的 %	9.2%	15.2%	11.3%
		总数的 %	5.9%	5.4%	11.3%
合计		计数	1813	995	2808
		在工作中，您最困惑的是什么中的 %	64.6%	35.4%	100.0%
		新老归类中的 %	100.0%	100.0%	100.0%
		总数的 %	64.6%	35.4%	100.0%

表1-28为新老农民工在回答"在工作中，您最困惑的是什么"这一题目的交叉分析表。表中数据显示，老生代农民工选择"工作太累""工作时间长"以及"孩子教育问题"等的比例要高于新生代农民工。新生代农民工选择"同事不好处"与"上级不理解"等选项的比例要高于老生代农民工。新老农民工存在工作困惑认知上的差异性。

第二章　延续与转向：新老农民工利益表达的历时性研究

社会转型以及由此而产生的利益主体多元化、利益来源多样化、利益分配差距化、利益矛盾复杂化以及利益冲突显性化，成为新老农民工代际转换的宏观叙事背景。曼海姆对代的阐述与分析，提供了新老农民工代际间思想观念和行为方式差异性的理论基础。以《人民日报》报道的文本内容作为分析语料库，不仅可以窥视出新老农民工社会形象建构的渐进化过程，而且可以探究新老农民工利益表达的历时性变迁。

第一节　延续：新老农民工社会形象的话语建构

前文所述，在经济、政治、文化与社会等发生变迁的宏大背景下，产生了一个新的、日益壮大的群体——新生代农民工。这种代际转换不仅使"新生代"具有特定含义，而且也阐释了这一群在社会变迁过程中出现的农民工对自己身份的认同，更体现出他们所具有的与上一代农民工在思想观念和行为方式的差异性。这种"代"的特性一经出现，就引起媒介的充分关注。各类新闻报道对这一"代"的具体形象提出自己的符号般描绘。我们对《人民日报》报道内容做文本上的分析，以此探究媒体对新生代农民工社会形象建构的差异化和渐进化的报道策略。

一　新老农民工的代际转换

对"代"的问题的论述，目前国内外还未有人超越曼海姆的分析与研究。曼海姆认为，对代的研究这个问题非常重要，应秉承严肃的研究态度。对此问题的研究是正确合理地理解社会和精神运动结构的向导，并且这种向导是必不可少的，离开了它，就不能很好地探测社会和精神运动结构如何形成，如何变化。特别是在社会变迁加速的年代，对代的问题的研究的重要性就更加明显，它深刻地体现了社会变迁特别是社会急剧变迁过程中社会和精神运动结构的变化。前人的研究虽然取得了些许成就，而且这些成就从不依赖于不同国家的精神传统的特殊性，体现了国别特色，同时又从不同学科来进行研究，产生了丰富的研究成果。但是，曼海姆认为，就德国和其他人的研究成果来说，也存在明显的弊端。比如，每个国家的社会科学过多地强调国别属性而忽略了他国成就的借鉴，如德国。还有一些只重视单一学科的研究视角，而忽略了多种学科的交叉与合作，因此必须需要一种新的研究视角来进行。

新的研究视角是什么？曼海姆认为，基于代的问题的属性，对此进行研究的学科当然非社会学莫属。但社会学复杂且庞大，曼海姆引用了形式社会学（formal sciology）的概念，并且认为这是研究代的问题的最简单的也是最基本的研究视角与方法。但是，他同时又认为，形式社会学一直以来存在如何区隔动态研究和静态研究的问题，并且认为，前人的研究更多的是运用形式社会学静态地研究人类社会的某些问题。但代这个问题是体现出社会和精神运动的结构变化过程，体现出这一过程的运动性特征。因此，为了完成对代的问题的研究，必须实行研究方法或视角转向，即由静态的社会学转向到动态的形式社会学。

当曼海姆确定了自己的研究视角和方法后，他将社会中存在的群体这一现象作为研究的出发点，引入实存群体（concrete social group）概念。实存群体是为了特定目标而存在的组织形式，如家庭、部落、教派等。这些群体的现实基础除了生命、存在的"接近"，还有理性意志的有意识运用。社群群体（Gemeinschaftesgebilde）是实存群体的一种，它的存在基础是生命或血缘等关系的接近。社会群体是社群群体的另一种形态，它的存在基础则是组织内部具有相同或相似的意识或理性。在分析了社会实存群体之后，曼海姆认为，代就是个体间特

第二章 延续与转向：新老农民工利益表达的历时性研究

定的相互关系，而且并不主要在于形成实存群体的社会结合，最主要地体现于对同一代的归属意识之上。因此，曼海姆认为，代不是社群意义上的实存群体，因为在社群意义上的实存群体，如果成员之间缺乏相互的自我了解，实存群体则不存在，而且这种社群意义上的实存群体，其关系一旦被破坏，实存群体成员间的意识和精神单位就不再存在。同时，曼海姆又认为，代又不是社会群体，因为社会群体内部成员是为了特定的目的而组织起来的单位形式，这种群体的重要特征是以书面法规等具体条文将成员个体约束起来并形成一致性的力量，但往往缺乏空间地理上的接近性和相同的社群生活。

在分析完社群群体和社会群体之后，曼海姆认为，代所依赖的实存群体是较多的社会个体因自然的发展或有意识的理性联合而形成的特定结合，它们之间具有一定的结构相似性。曼海姆在这个时候引入"社会位置"（Lagerung）这一概念。他认为，"代"的意义是什么？它就是代表着某一个体在实存社会群体之间的社会位置。因此，他得出结论，当社会个体离开一个组织时，因为其社会位置的变动，他不再是此组织的成员，而当社群赖以存在的意识和精神等不对社群里的成员发生作用时，这个社群也就危险了，必然会出现名存实亡的结果。也就是说，我们的社会位置发生变化，所以原有的一切皆与我无关。

由于具有相同的社会位置，属于同一代的人有着相同之处，代中的成员往往因潜在的经验或理性将他们限制在某一范围内，从而表现出他们既有的思想经验的特定模式和历史行动的某种特征。曼海姆将此现象称为社会位置的"内在"趋势。他认为，对于相同的社会位置的个体来说，由于长时间并且不断重复的经验性，一些社会因素在他们面前经常表现出相同的方面，而且这些社会位置差异的"代"，只能接触到一个系列的经验、精神和情感的资料。也就是说，所有社会不同时期的经验等不太可能都在这一"代"中得到体现，这一"代"只是获得了赋予这一"代"的生存经验、精神和情感的资料，曼海姆将此种现象称为被限制于某一"方面"。之所以这一代人不能获取所有的资料，曼海姆认为，因为吸引和应用这些资料或其答案就在于社会事实。也就是说，代所存在的社会事实决定了代的行动方式选择和精神理性。

曼海姆继续分析,由于代所存在或依赖的社会事实不同,就使得代际更替成为一种自然现象。一方面,当某一社会个体由于特定的社会事实而不得不离开自己所存在的实存社会群体时,原有的精神理性就不再对自己产生影响。但当他进入一个新的群体时,一种因与客体之间距离的改变而导致的新方法就会产生,曼海姆将其称为全新接触(frest contact)。这种全新接触的变化不仅发生在社会个体经验的内容中,而且发生在社会个体对这种经验意识和精神的适应中。这种全新接触皆是由社会事实的变迁所导致的。由于社会事实的变化,新一代的出现首先将自己适应并将这种变化带入自己的行为体系。社会事实的变化,不仅对代的形成发挥了整合的作用,而且也保证了代际更替的持续性。①

按照曼海姆的论证逻辑,新生代农民工不仅仅是在社会位置发生变化之后老生代农民工与新生代农民工基于社会位置变迁所展示出的特定实存社会群体,而且是基于社会事实变化下,社会各精神结构运动变迁过程中所显示出的相同或相似的思维方式和行为或相似的实存社会群体。他们是在"一定社会中,由于年龄所规定着的人们成长和活动于其中特定的时代和环境而造就的具有一定社会物质的人群"②。因为社会事实变化而导致新生代农民工和老生代农民工即他们的父辈"因生理的、心理的、角色的和经验地位以及社会经历的不同而导致他们对同一现象或一系列社会现象会有不同的看法"③,因而使新生代农民工表现出与他们父辈相异的代际转换特征。

(一)社会状态和发展变化速度成为影响新生代农民工代际变迁的重要因素

按照曼海姆的观点,社会事实或社会位置的变化是影响新生代农民工个体价值观念和行为方式的重要因素,也是他们差异于父辈的主要客观社会因素。美国学者埃尔德在其著作《大萧条的孩子们》中

---

① 《卡尔·曼海姆精粹》,徐彬译,南京大学出版社2002年版,第60—70页。
② 张永相、程远忠:《第四代人》,东方出版社1988年版,第9页。
③ 冯刚、郑永廷:《思想政治教育学科30年发展研究报告》,光明日报出版社2014年版,第274页。

指出:"生命过程中历史事件的影响取决于个体经历该生命事件的生命阶段","个体的生命历程嵌入了历史时间和他们在生命岁月中所经历的事件之中,同时也被这些时间和事件所塑造着"。① 这种社会事实的变迁在不同的社会中体现出相异的结局。在封闭的社会或发展较缓慢的社会中,社会事实的变化不大或相当缓慢,因此,产生代的可能性不是太大,代际间的属性差别不会太明显。而在一个开放社会或社会变迁比较大的社会状态中,社会事实发生变迁的可能性或频率就会加大,代际变迁的可能性就会增大,代际变迁的时间也会越来越短。如"60后"与"70后"体现出第一种情况,而"80后""85后""90后"等则体现出第二种情况。

(二) 与他们的父辈相比,新生代农民工表现为一种思想观念和行为的"差异性"

曼海姆的社会位置揭示了新老农民工在社会变迁状态下社会和精神结构的差异性。这种差异性不仅表现为新生代农民工与老生代农民工在现存秩序和模式的变更,也表现在代际间存在的相同的经验发生断裂而产生代际冲突,同时还包括价值观的代际变化。美国学者英格尔哈特揭示了社会位置的变化对社会个体价值观的影响。他说,个人优先价值观反映的是其社会经济环境,即人们总是会在主观上最为看重相对匮乏的事物,而且社会经济环境与优先价值观之间,不是一种即时调整的关系,也就是说,它们之间存在着很长一段时间的滞后。这是因为,在很大程度上,一个人的基本价值观反映的是其未成年时期占主导地位的条件。② 因社会位置的变化,新生代农民工具有相同或相似的物质经济环境,进而从同辈人发展为社会领域的代,即社会领域的同年龄群体,进而发展到那种出生于同一时期,具有共同的历史文化体验,显示类似的精神结构和行为方式的同代人。③

---

① [美] G. H. 埃尔德:《大萧条的孩子们》,田禾等译,译林出版社2002年版,第426页。

② [美] 罗纳德·英格尔哈特:《发达工业社会的文化转型》,张秀琴译,社会科学文献出版社2013年版,第105页。

③ 廖小平:《代际互动——未成年人的道德建设的代际维度》,人民出版社2009年版,第24页。

(三) 应以一种自然的历史过程审视新生代农民工的代际变迁

俗语说，长江后浪推前浪，它体现的是一种自然的历史过程。社会位置不可能永久固化，社会位置发生变化，必然会导致基于社会位置为基础的"代"的转换。正如曼海姆所言，"必须承认的是生活性因素是决定代现象的最基本因素"，"阶级位置以不断变化的经济和权力的社会结构为基础，代位置的基础则是人类存在的生物节奏——生命的存在与死亡、寿命和年龄增长。从这种意义上来说，属于同一代的个体，出生在同一年的个体，拥有在社会过程中历史维度的同一位置"。"代这种社会学现象最终基于生死的生物节奏。"但是，"代的生物学因素只是提供了代实体存在的可能性"，"代位置是否会实现其内在的可能性这一问题，只能在社会与文化结构层面找到答案"。① "一代人之所以成为一代人而同其他代人相区别，主要地并不在于年龄上的特征，而在于他们的社会特质，即一代人所共有的社会性特征。"②

二 新老农民工社会形象的媒介建构

在代际转换过程中，新旧差异性的代由于其成长的社会环境不同，从而使他者对这一代的认同存在差异，这种认同差异又大都通过媒体的话语建构来完成。福柯认为，"话语生产总是按照一定程序受到控制、挑选、组织和分配的"③。在福柯看来，话语的形成、传递、转换、并合等过程，都会对一代的形象认同产生重要影响，并将这种标签贴在这一代人身上。由于媒体经常性地、重复性地将某类话语赋予特定人群，并因此被他人经常性、普遍性地引用，这便是媒体在建构某类人群的社会形象时发生作用的内在机理。这种符号般的社会形象体现出媒体的符号工具功能。"媒介在当代社会的中心地位，使得社会运动越来越多地包括了对意义和解释的符号斗争（symbolic strug-

---

① ［德］卡尔·曼海姆：《代问题》，载冯钢《社会学基础文献选读》，浙江大学出版社 2008 年版，第 221—222 页。
② 张永杰、程远杰：《第四代人》，东方出版社 1988 年版，第 9 页。
③ ［美］弗兰西斯·弗·西柏格：《后现代哲学演讲录》，冯俊译，商务印书馆 2003 年版，第 416—417 页。

gle)。"① 这种符号在社会领域以"称谓"的方式展现出来,即社会群体对特定群体的社会地位和身份认可的符号表征,反映的是该群体在整个社会中的社会形象问题。格罗塞指出,"身份界定是在平面媒体中持续扮演着加强的偏见的角色"②。大众媒介以符号称谓特定群体,通过媒介话语建构这一群体的社会形象,不仅体现出该群体在特定时空下的社会形象,也体现了一定时空下社会主流话语对该群体的身份认同。媒体建构的社会形象背后更多地内含了该群体在他人心中的认同,体现出特定社会经济事实的变迁。

2007 年,一年一度的春晚上,荧屏中出现了一群农民工孩子,他们表演了一个朗诵节目——《心里话》:"昨天,有人要问我是谁,我总不愿意回答……我是农民工子女……"直观地展示出作为代际转换过程中农民工群体社会形象的变迁,而这种变迁又与媒体建构出的称谓相关联。媒介所建构的新老农民工的社会形象,大体上可分为四个阶段。

(一) 盲流社会形象的话语建构

新中国成立后,一穷二白,百废待兴,无论是城市还是农村都陷入了极度贫困之中。一些农村居民为了生存,不得不从农村跑到城市,试图以此方法在城市空间中生活下来,一些人因此而成为城市居民。后来,随着我国工业化发展的需要,实行的重工业优先发展战略需要农村支持城市建设。为了保障工业生产顺利进行和城市生活的稳定,国家便在农村中吸引农村居民自发到城市中务工。但是,由于这一时期农村的劳动生产力没有相应提高,城市的就业机会也没有相应的增加,大量农民没有目的地涌入城市,使"百废待兴的年轻共和国根本无力负担他们给城市在就业、住房、食品供应等方面带来的压力"③。在这种较高压力下,政府开始对流入城市的农民进行控制。

---

① Bert Klandermans, The Social Construction of Protest and Multiorganizational Fields, In: Aldon D. Morris & Carol McClurg Mueller (eds.), *Frontiers in Social Movement Theory*, New Haven and London: Yale University Press, 1992, p. 79.

② [法] 阿尔弗雷德·格罗塞:《身份认同的困境》,王鲲译,社会科学文献出版社 2010 年版,第 55 页。

③ 张敏杰:《中国弱势群体研究》,长春出版社 2003 年版,第 197 页。

1952年，中央劳动就业委员会提出要克服农民盲目地流向城市，"盲流"这个带有歧视性的概念便由此产生。① 这时的"盲流"一词特指那些在城市工作但没有城市户口的农民。② 随着涌入城市的农民数量日益增多，政府的管控压力加大，于是在1958年，政府通过了户籍管理条例，明确规定："公民由农村迁往城市，必须持有城市劳动部门的录用证明、学校的录取证明或者城市户口登记机关的准予迁入的证明，向常住地户口登记机关申请迁出手续。"但是，仍然有一些农村居民置政府制定的相关规定于不顾，到城市寻找机会而没有目的地流入城市，"特别是在三年灾害和大饥荒时期，一些地方的灾民为求生存，便大着胆子离乡出走，涌入城市寻求活路。1961年11月11日，中共中央批转了公安部《关于制止人口自由流动的报告》，决定在大中城市设立'收容遣送站'，负责将饥荒中的流民收容起来遣送原籍"③。"收容遣送"一词与"盲流"便人为地联结起来。在"20世纪70年代末到80年代初，随着改革开放以来经济迅速发展，大量农民涌入城市，他们在工作机会、公共交通、生活等方面与城市居民产生冲突，'盲流'一词重新'流行'"④。

随着政府文件对盲流的概念界定，《人民日报》等也通过媒介方式将"盲流"这一标签贴在外出务工的农民身上。《人民日报》以"盲流"作为题目关键词的社会形象建构始于1988年8月14日的《旅游客流剧增 车站列车爆满 暑期每天约70万人站着乘车 铁道部呼吁刹住公费旅游、会议 劝阻民工盲流》的报道中。在这一报道中，基于乘车人数超出铁路部门的运营能力，所以《人民日报》代表铁道部"呼吁社会各方面多做宣传解释工作，协助铁路缓解客运紧张状况。特别希望有关方面严格执行国务院规定，有力地控制公费旅游和旅游旺季到旅游热点城市召开各种会议；对盲目流动的民工也应

---

① 杨黎源：《农民工权利研究》，浙江人民出版社2009年版，第2页。
② 陈煜：《中国生活记忆》，中国轻工业出版社2014年版，第13页。
③ 张敏杰：《中国弱势群体研究》，长春出版社2003年版，第198页。
④ 袁书华、贾玉洁、付妍：《新生代农民工问题研究》，山东人民出版社2014年版，第24页。

加以引导和控制"①。

作为文本内容的"盲流"一词，最早出现于 1980 年 9 月 1 日《人民日报》报道的《人大代表在小组讨论会上发言摘登》，内容显示，内蒙古占布拉扎布代表谈到了"盲流"问题。他说："呼伦贝尔盟已划归内蒙古了，但牙克石林管局至今未归属内蒙古，结果盲流人员大批增加。现在这个局每年采伐 300 万立方米木材，林场的职工和盲流人员就额外烧掉 200 万立方米，造成了严重浪费。这些盲流不但乱伐林，乱开荒，破坏草场，还经常造成林区的火灾。建议中央有关部门尽快解决这个问题。"②

（二）打工仔（妹）社会形象的话语建构

20 世纪 80 年代末和 90 年代初，我国的农村家庭联产承包经营责任制全面实施后，农村劳动生产力得到极大的解放和发展。农业生产人员开始出现过剩，一些农村劳动力便自发地离开土地进入乡镇企业或城市务工。同时，随着改革开放和经济特区的设立，我国在现代化建设过程中的步伐大大加快，一些具有区位优势、资源丰富的地区在改革开放政策下得到前所未有的发展。经济发展对劳动力的需求加大。因此，这种推力和拉力的结合便产生了一些外出务工的人群。这类人群的社会形象建构离不开 1991 年的电视剧《外来妹》。由于直击外出务工人员的心理，它获得了广泛心理反应和社会认同。再加上媒介的强大影响力，打工仔（妹）这套符号话语便由此建构，并经媒介的强化而成为媒介话语和公众话语。这个群体的社会形象一经建构完毕，便使得更多人开始关注到农民工群体的多样化发展趋势，也使农民工以不同的性别形象走入众人视野。

《人民日报》的报道也彰显了这一时期农民工社会形象的建构。作为标题，并且更能体现这一词内涵的是 1992 年 9 月 5 日报道的《俄罗斯来的打工妹》一文。作者写道："来到牡丹江市的天外天酒店，刚一进门，便听到一声'您好'的生硬问候。一位金发碧眼的

---

① 任喜贵：《旅游客流剧增　车站列车爆满　暑期每天约 70 万人站着乘车　铁道部呼吁刹住公费旅游、会议　劝阻民工盲流》，《人民日报》1988 年 8 月 14 日第 1 版。

② 《人大代表在小组讨论会上发言摘登》，《人民日报》1980 年 9 月 1 日第 4 版。

俄罗斯小姐热情引导我们坐下，忙前忙后，为我们端饭菜、斟酒。随着中俄边境经济交流的扩大，就像川妹子下珠江一样，来自俄罗斯的打工妹，纷纷进入牡丹江市的服务业。""俄罗斯打工妹给牡丹江市带来了一股不大不小的冲击波。越来越多的洋小姐将进入边城，而且有向内地跨越之势。"①

《人民日报》在文本中首次出现"打工仔（妹）"一词，来自1989年9月9日的报道《三千多万农民异地劳动 拾遗补缺推动经济发展 由此引起一些新问题需妥善解决》。文中写道："在珠江三角洲的深圳、珠海、东莞等地的几千家'三来一补'企业中，数十万'打工仔''打工妹'已是当地出口创汇的有生力量。"②

这些打工仔（妹）当初主要是在春节或农忙季节过后，到城镇以靠体力赚钱弥补生活所必要的开支的一群人。他们从农村来到城市，没有文化和专门技术，干着最脏、最苦、最危险的活，主要从事建筑行业和制造业等以体力消耗为主的工种，往往只能靠强壮体力赚得少量的报酬，生活在城市社会的最底层。由于城乡二元体制的限制，没有城镇户口的农民到城市后与拥有城镇户籍的市民格格不入。起初打工仔（妹）这种市民口语化的称呼并没有引起政府等相关部门和社会有识之士的足够重视，导致这一含有歧视性的称谓在深圳等经济特区持续了很长时间，同时向全国各大城市广泛传播，成为地位低下的"农民工"的专称。该社会形象是市民对"农民工"的口语化指称，不是学术或主流意识形态的书面正式称谓。这一社会形象虽然较"盲流"这一限制性歧视称谓对"农民工"有所尊重，但仍然饱含着市民的冷漠与鄙视。③

（三）"外来"社会形象的话语建构

有一个故事，说的是一个居住在山里的部落，祖祖辈辈不曾走出过大山。他们日出而作，日落而息，过着自给自足的平静生活。有一天，一个外乡人路过这里，惊奇地发现这群独立于现代文明之外的

---

① 高保生、黄键：《俄罗斯来的打工妹》，《人民日报》1992年9月5日第2版。
② 葛象贤、屈维英：《三千多万农民异地劳动 拾遗补缺推动经济发展 由此引起一些新问题需妥善解决》，《人民日报》1989年9月9日第2版。
③ 杨黎源：《农民工权利研究》，浙江人民出版社2009年版，第3页。

第二章　延续与转向：新老农民工利益表达的历时性研究　57

人。于是，他告诉他们："外面的世界很精彩。"可是，望着那些无表情的脸，外乡人摇摇头走了。后来，又有几个外乡人来过，同样的话语，得到的是同样沉默的反应。终于有一天，村里有人跑了出去，在一个夜晚，他回来了，带着满脸兴奋对乡亲们说："外面的世界的确很精彩！"此后，便有越来越多的人离开家乡去看外面的世界了。①这一现象在农民外出务工的实际行为中得到较为全面的印证。

邓小平南方谈话的推动，中国市场经济的快速发展，推动了又一批农村居民外出务工。这些人被称为外来务工人员、外来工或外来人口。他们是指户籍登记不在客居地，但工作生活在当地，以从事各种行业中的简单技术工作以及搬运等体力劳动、家政服务工作、小商贩等为主，部分为企业技术人员及普通管理人员的群体。

《人民日报》第一次将"外来人口"作为标题关键词，是来自1994年12月13日《武汉市加强外来人口管理》的报道中。文中写道："近年来，随着改革开放和经济建设的迅猛发展，大量外来人员涌入武汉，市内流动、暂住人口日益增多。暂住人口大量增多，促进了武汉地区改革开放和经济的发展，但正如你报刊登的读者来信所反映的那样，外来人员犯罪的比例也在增大，已占整个刑事犯罪成员总数的百分之四十以上。"②

第一次提出"外来人口"这一词语的时间更早。《人民日报》1956年11月25日《经过初步整顿粮食供应工作　湖南粮食销售量合理地下降　山西中小城市检查调整粮食供应》的新闻报道中，第一次提到"外来人口"一词。文本中这样写道："今年第三季度以来，湖南省各地普遍滋长了浪费粮食的现象，许多城镇粮食销售量逐渐上升。很多集体伙食单位招待客人和开会用粮不收粮票；某些机关团体的伙食管理制度不健全，有些职工的家属和外来人口不带粮票和粮食供应证件。"③　不过，明显看出这时的"外来人口"和

---

①　参见杨豪《中国农民大迁徙》，浙江文艺出版社2007年版，第6页。
②　湖北武汉市公安局：《武汉加强外来人口管理》，《人民日报》1994年12月13日第5版。
③　邝麓安：《经过初步整顿粮食供应工作　湖南粮食销售量合理地下降　山西中小城市检查调整粮食供应》，《人民日报》1956年11月25日第5版。

20世纪90年代所言的"外来人口"在内涵和外延上存在较大差异。外出务工人员是支撑城市化、工业现代化的重要推力,为我国市场竞争力的提升贡献了自己的力量,并且推动着体制变革。他们使就业市场等发生重要变化,也使政府对流动人口的管理模式发生变迁,推动了传统的户籍制度、劳动就业制度以及社会保障制度的些许变革。

与"盲流"、打工仔(妹)等社会形象相比,外来务工人员的社会形象由于没有了"盲""打工""农民"等字样,明显地较前述称谓少了些许排斥、歧视的符号表征,也使农民工与城市职工靠得更近,体现出城市居民宽容的精神正在养成和政府对外出务工人员的尊重与关怀。但是,"外来"二字含有特定的区域差异,这种区隔也影响了外来务工人员与城市市民之间的关系,无形中形成一道无法逾越的墙,把同在一个公共空间工作或生活的群体分隔为外来与本地,因此助长了城市二元社会结构和围城意识。

(四)农民工社会形象的话语建构

农民工是指拥有农村户籍,被他人或企业雇佣的,从事非农业的农村流动人口,是当前使用得最为频繁的概念之一。[①] 1991年,国务院发布的《全民所有制企业招用农民合同制工作的规定》中,把"企业招用的农民合同制工人"统称为农民工,"农民工"的概念便在国家正式文件中使用。

《人民日报》关于"农民工"一词的使用,第一次出现在1982年1月31日的报道《干部带头清退自己安排的亲友 安徽十万多农民工返乡务农 城乡配合做好思想工作,解决农民工回乡后的困难》中。报道是这样写的:"安徽省通过端正党风、抓各级干部的表率作用,半年时间里就动员了10.24万名农民工返乡务农。安徽省有关部门过去多次发通知、下文件,三令五申不准擅自雇用农民工,已经雇用的要辞退,但全省农民工人数不仅没有减少,反而越来越多,1979年底为14.8万人,1980年底增至15.2万人,去年上半年又猛增到15.8万人。去年7月,中共安徽省委和省人民政

---

① 杨黎源:《农民工权利研究》,浙江人民出版社2009年版,第3页。

府专门召开会议研究了这个问题,认为大量农村劳力进城,原因是多方面的,但主要是由于某些领导干部走后门,把自己在农村的家属亲友安排到机关、企业做工,而这种现象也正是农民工进城问题长期得不到纠正的关键。省委强调各级党政领导必须把辞退进城的农村劳动力作为端正党风的大事来抓,尤其是各级领导干部,凡介绍过农村劳动力进城的,都应率先清退,做出榜样。省委还要求各级纪律检查机关和银行、劳动等部门密切配合,严格执行党的纪律和财经纪律。从去年7月起,安徽各地先后成立了清退领导小组,由党政主要负责同志亲自抓这项工作。城乡在清退过程中紧密配合,深入细致地对农民工进行思想教育,热情帮助他们解决回乡后生产、生活方面的困难。"①

2003年,《人民日报》关于农民工的报道呈现大规模上升状态。这一年,以农民工为题目关键词的报道共有48条,涉及农民工欠薪、农民工维权、农民工加入工会与农民工培训等多个话题,对农民工利益诉求进行全图景式的介绍与宣传。

2004年,中央一号文件《中共中央国务院关于促进农民增收若干政策的意见》肯定了农民工存在的价值,指出"进城就业的农民工已经成为产业工人的重要组成部分,为城市创造了财富,提供了税收"②。胡锦涛同志在同全国总工会新一届领导班子成员和中国工会十四大部分代表座谈时指出,"随着改革的深入和经济文化的发展,随着经济结构战略性调整的推进和工业化、城镇化的进程的加快,包括广大知识分子在内的我国工人阶级队伍日益壮大,大批乡镇企业职工、进城农民工、非公有制企业职工和新兴产业职工源源不断地加入工人阶级队伍",从而把农民工纳入产业工人的范畴。2006年1月18日,《国务院关于解决"农民工"问题的若干意见》经过反复研讨、斟酌、听取各方面的意见后确定采取"农民工"这一社会概念。于

---

① 张春生、周郁夫:《干部带头清退自己安排的亲友 安徽十万多农民工返乡务农 城乡配合做好思想工作,解决农民工回乡后的困难》,《人民日报》1982年1月31日第5版。

② 国务院办公厅:《中共中央国务院关于促进农民增收若干政策的意见》,2004年3月30日第09号。

是,"农民工"这一社会形象第一次出现在中央政府具有行政法规作用的文件之中。自此,农民工的社会形象和合法权益得到中央和社会的认同与高度重视。

三 新老农民工社会形象话语建构的内在蕴意

新老农民工社会形象的话语建构,不仅仅是媒介行使符号工具性价值的彰显,也体现了国家管理模式的变迁以及社会居民对这一特殊群体的关注与认同的变化。它彰显的是农民工对自身的价值判断和他人对此群体的价值认同。

(一)农民工社会形象的话语建构体现出人为的身份差别

后现代理论家拉希和尤里指出:"个体结构和主体身份必须从物理空间和地点(如邻里、城镇或国家等)分离出来的文化符号那里不断地得以重构。"[①] 农民工社会形象之所以被社会个体所认同,起实质作用的恰恰是社会个体尤其是城市市民骨子里所特有的城乡身份意识。这种骨子里沉淀下来的身份意识,必然会通过种种建构的社会形象展示出来,以区别为"我们"和"他们"。这种不假思索的使用,也反映出社会个体的一种惯习,反映了我们已经形成不能轻易摆脱的思维定式,即把农民工群体始终作为既区别于农村人但又不同于城里人的社会形象的刻板印象。同时,它也反映出我们早已接受了"农民工"这一社会形象的"合理性",并通过不假思索地使用来捍卫这种"合理性"。[②]

(二)农民工社会形象的话语建构反映的是农民工群体地位的失调

正如帕累托所认为的那样,没有什么比重复更有效果。[③] 这种温和的、暴力的农民工社会形象的话语建构,体现的不仅仅是城市市民

---

① 转引自[美]乔纳森·H. 特纳《社会学理论的结构》,邱泽奇等译,华夏出版社2001年版,第299页。

② 周秋琴:《法学视野下的农民工权益保障问题研究》,江苏大学出版社2011年版,第19页。

③ 转引自蒋先福《务工移民与法治发展》,湖南师范大学出版社2013年版,第205页。

强化了的思维定式,还体现了农民工对自己身份的自我认同。他们尽管有工人工作性质的实质,却缺少工人的名分,也缺乏相应保障。农民工社会形象的话语建构本身就意味着他们是城市里的"二等居民",是单位或行业中的"二等工人",就注定了与脏、累、差的工作相连。它不仅是一种社会形象,更代表着教育、医疗、社保、住房等权利的赋予。因此,有学者说,农民工属于草根底层,城市人却属于"花草"上层。① 它人为地强化了非平等意识,伤害了为社会主义现代化建设做出重要贡献的农民工群体,形成城市所特有的二元结构,对整个社会产生负面影响。②

(三)农民工社会形象的话语建构体现了"管理者中心主义"

农民工社会形象的媒介话语建构过程,反映的是政府或行政管理者站在自己的立场,从自己的思路出发,看待和认识农民工个体或群体的外出务工行为。农村人口众多,历来是中国社会的基本特点。"自古以来,经历了种种磨难的中国农民始终没有放弃的是对土地的深深眷恋。于是便有了'死守黄土'的誓言。对于农民来说,'背井离乡'意味着仅次于死亡的天大不幸。"③ 这种人与地紧密相连的方式,是农业社会管理方式的重要特征。但是,传统的农业社会必定在市场经济的发展中受到冲击,离乡便成为农村居民的自发理性选择。"从经济学的角度看,每个人的行为选择都可能是经过理性的思考后而做出的,这种选择对他们至少是有利的。那么如果每个流动者或迁移者都能从中得利,那么就表明至少有一个群体的人能通过这一行为获得较大收益"④,但同时也会对他人或群体产生影响。因此,控制人口的流动与迁移便成为不同层级政府事务管理的重要任务之一。不同时期对流动人口的管理模式,便演绎出与那个时代政府管理相匹配的社会形象,盲流、打工仔(妹)、外来人口、农民工等便充分体现了国家强制性政策安排的特点。

---

① 王同信、崔玉娟:《深圳新生代农民工调查报告》,中国法制出版社2013年版,第185页。
② 吴忠民:《应当逐渐淡化"农民工"的称谓》,《中国经济时报》2003年5月20日。
③ 杨豪:《中国农民大迁徙》,浙江文艺出版社2007年版,第5页。
④ 陆益龙:《户籍制度:控制与社会差别》,商务印书馆2003年版,第459页。

第二节　转向：新老农民工利益表达的历时性探讨

新老农民工在社会变迁过程中，拥有相近的资源，基于"相似的地位和生活环境，一般能形成比较一致的认知、思维方式，比较相同的生活方式、消费方式，形成对社会生活，对人与社会，对人与人、人与自然的关系比较一致的观念，从而形成社会在政治、经济、文化与精神生活以及道德、实践等方面有着共同利益关系的需求"[①]。在需要的指向下，在一定的社会关系中，满足自己的物质精神、政治文化的对象，就可以视作新老农民工利益表达的重要内容。并且，新老农民工的利益表达随着代际转换和受制于社会转型大背景的限制与影响，在不同的环境下又表现出特定的差异性。对新老农民工利益表达的历时性考察，是了解新老农民工诉求转向的重要内容。

一　文本内容的媒体选择

在学术研究中，文本分析法是一种重要的研究方法。所谓文本分析法，"就是通过对相关文本的细读、分析，从文本的表层深入到文本的深层，从而发现那些不能为普通读者所把握的深层意义与额外信息"[②]。对特定文本进行分析，能够得出研究者想要的研究结论，并且文本在社会变迁过程中表现出差异化的话语逻辑。对文本进行选择性分析，学者大多偏好于将《人民日报》报道的文本作为研究的文本数据库。李京就是众多研究者中的一个，他通过对《人民日报》在1949—2017年间国庆头版图像叙事变迁的关注，探讨了这种变迁后的领袖图像向领袖符号转变的象征体系建构与政治秩序确立过程，以及政治仪式与图像表征中的政治记忆刻写功能，并进一步指出基于图像表征的政党媒介形象具有"技术表征""视觉迁移"和"影像增

---

① 董石林、文福华、熊考核：《利益均衡与和谐社会》，香港天马出版有限公司2009年版，第61页。
② 童清艳：《受众研究》，上海交通大学出版社2013年版，第126页。

第二章 延续与转向：新老农民工利益表达的历时性研究

值"特征等深层次蕴义。① 本书也依据《人民日报》相关报道文本，对新老农民工利益表达进行纵向比较，以便窥视出新生代农民工的利益表达较他们父辈的差别。之所以将《人民日报》作为文本选择的对象，基于以下三个原因的考量。

（一）《人民日报》的人民性特点

党性和人民性的结合或融合，是我国媒体发展必须解决的重要课题。改革开放之前，各类纸质媒体，无论是党报还是非党报，在国家政策的统一支持下，发布着党和政府的各类信息，表达着党和国家的利益诉求，呈现出报道内容与国家意识形态高度一致的特点。但是改革开放后，国家对媒体的支持度存在差异化倾向。一些大报大刊，基于其历史的发展和国家的需要，国家仍然在人、物、财等方面予以大力支持，典型的就是财政完全拨款和事业单位的身份获得，如作为"党政机关、企事业单位的干部以及知识界人士"②阅读的各类党报，就深受此类国家政策的益处，发展未受到市场经济较大的影响。但是作为媒体重要组成部分的一些市民报（如晚报、都市报）和各类专业性报纸，在国家政策支持弱化的情况下，为了生存，不得不寻求各自的发展道路，力图转变以时政新闻为主的报道内容，直面市场需求，以差异化的媒体报道内容吸引受众关注，通过影响广告商、读者等潜在利益群体而使自己生存下来，其在发展中往往会在党性和人民性的取向上存在偏颇。《人民日报》在国家对媒体的政策从"全面管理"转向"重点管理"大背景下，在国家政策的支持下得到快速发展，其人民性因较少受到市场经济发展的影响而得到显著性表现。

农民工的报道信息，一般来说较少作为媒体的重点报道内容。从读者的身份来说，农民工这个群体因其位置的底层而对传统媒体的阅读较少，再加上他们没有更多的时间、金钱来购买、阅读这类报纸。因此，对农民工的报道内容更加凸显人民性需求导向，而依靠自我产

---

① 李京：《从政治秩序确立到政治记忆刻写——对〈人民日报〉1949—2017 年国庆头版图像叙事变迁的探讨》，《新闻界》2018 年第 1 期。

② 丁柏铨：《中国当代理论新闻学》，复旦大学出版社 2002 年版，第 167 页。

出才能生存的都市报或专业报纸为了自己生存和发展的需要显然较难做到党性和人民性的统一。而依靠国家重点支持的《人民日报》,则可以且一定要做到党性和人民性的统一。

(二)《人民日报》的权威性特点

作为中国共产党中央委员会的机关报,《人民日报》是党和政府的喉舌与中国对外交往的重要窗口,承担着每天向全国和世界传播与介绍中国共产党和中国政府的方针、政策及主张的责任,代表着党和政府的声音,是国家和政府重要方针、政策的发布者,其报道内容体现出国家政府特定的态度。所以,在中国既有的行政体系中,《人民日报》所发出的声音必然要被拿来认真阅读,甚至是学习的。除此之外,基于《人民日报》的特殊性,其也被外国人士看作了解中国政治和中国社会的一个重要渠道,备受海外读者、外国政府和机构的重视。①

(三)《人民日报》的连续性特点

在改革开放过程中,受到市场经济的影响,一些企业或部门逐渐将精力置于创办一些报纸或期刊,比如一些晚报、都市报和专业性报纸,大多创刊于20世纪90年代,有的甚至是2000年以后创刊的。但在市场经济的冲击下,一些报刊或改名,或在市场中被竞争所淘汰,这些报刊因连续性存在的问题而使研究的可得性弱化,而《人民日报》却是持续的、一贯的。1948年6月15日,中国共产党华北局机关报《人民日报》由《晋察冀日报》和晋冀鲁豫《人民日报》合并而成,并在河北省平山县里庄创刊。1949年3月15日,《人民日报》迁入北京。同年8月1日,中共中央决定将中国共产党中央委员会机关报从原来的《解放日报》转为《人民日报》,并沿用1948年6月15日的期号。历经革命、建设和改革三个重要时期的《人民日报》,不仅在社会发展过程中得到充实,发展了报刊语言和版面,而且这种连续性成为中国历史变迁的重要表

---

① 肖建华:《新闻与文化传播论丛》第5辑,中国财政经济出版社2008年版,第97页。

征。在网络化时代,《人民日报》也在不断探索网络化阅读,其图文数据库将《人民日报》的纸质内容全部转化为电子版,成为我们研究的相当好且分量足的重要文本。将新老农民工利益诉求转向的研究定位于《人民日报》,就是从历史的视角"对现在应成为研究定位点的那些问题进行的表述"①。

二 新老农民工利益表达报道时间的历时性转向

基于新老农民工称谓的多元化,我们在《人民日报》图文数据库以"农民工""打工仔""打工妹""盲流"等为搜索关键词,选择的搜索对象为全文,即只要在报道文本而非标题中出现上述关键词的内容则全被统计。截止日期为 2016 年 10 月 1 日,共获得搜索结果为 11800 篇,其中过滤掉虽然包含这些关键词但没有任何利益表达内容的报道文本,如数字统计、人物介绍等和过滤掉一些与关键词搭配不匹配的报道内容,如"农民工人",它虽然也符合关键词搜索匹配,但是意义则不同。过滤这些数据后,共获得有效数据为 7942 条。

从报道新老农民工利益表达内容的时间来看,第一次报道农民工的利益表达是在 1980 年 8 月 19 日第五版《小议"全面的物质利益原则"》的报道中。这篇报道涉及了农民工的社会利益,具体指向为农民工的就业问题。最后一篇为 2016 年 9 月 30 日第 13 版《国家人权行动计划(2016—2020 年)》,报道提到农民工的经济与文化利益,主要指向为农民工的技术培训与工资收入等内容。

从报道的频率来看,从 1980 年 8 月 19 日到 2016 年 9 月 30 日这一段时间内,《人民日报》关于农民工利益表达报道的有效数据呈现逐年递增的趋势,尤其是在 2002 年后,对农民工利益表达报道的数量大幅度上升(见表 2-1)。

---

① [美]赖特·米尔斯:《社会学的想象力》,陈强、张永强译,生活·读书·新知三联书店 2005 年版,第 154 页。

表 2-1   《人民日报》关于农民工报道的频次分布

年份	1980	1981	1982	1983	1984	1985	1986	1987	1988
出现频率	1	1	2	0	3	3	4	2	9
年份	1989	1990	1991	1992	1993	1994	1995	1996	1997
出现频率	20	11	5	4	7	8	10	15	14
年份	1998	1999	2000	2001	2002	2003	2004	2005	2006
出现频率	21	29	12	13	56	193	523	458	592
年份	2007	2008	2009	2010	2011	2012	2013	2014	2015
出现频率	646	478	882	661	723	638	650	432	410
年份	2016								
出现频率	414								

从表2-1中可以看到，2000年前，《人民日报》对农民工的关注度较低，报道关于农民工利益的频次仅有169篇，占有效样本量的2.13%，且大部分年份的报道量是个位数。2000年后，《人民日报》对农民工的关注度开始逐年提升，报道的篇数共有7773篇，占全部样本量的97.87%，报道篇数量高的年份为2009年，报道篇数为882篇，达到历史极值。根据前文对新老农民工的界定，如果把2000年《人民日报》关于农民工的报道归类于老生代农民工的信息报道，反映的是老生代农民工的利益诉求，而将2000年后《人民日报》关于农民工的报道归类于新生代农民工的信息报道，反映的是新生代农民工的利益诉求，我们可以明显看出《人民日报》对新生代与老生代农民工的关注程度存在差异，对新生代农民工的关注程度要远高于老生代农民工。

三 新老农民工利益表达报道版次的历时性转向

版面是报纸最基本的信息载体和传播手段，反映了报纸对国内外重要报道内容的重视程度，体现的是政治与技术的统一、内容与形式的统一。版面总是通过版次呈现出来，即版次反映的是版面次序。同一条报道内容放在不同的版面，则显示出其地位和关注度的差异，如将其放在第一版,总是比放在第五版更显重要。某一报道置于何种版次,则体现出该报纸对此报道重要性的评价。一般来说,版次越靠前,报道的重要性就越强。《人民日报》在发展过程中,基于社会发展和国家政府的需要,不断进行改版和扩版。为了统一研究标准,获得较为有用的研究结论,我们把《人民日报》的版次重新转换为具有一定可比性的间接度量,把版次以"类"、按一定重要程度来设置,Ⅰ类版次为各时期《人民日报》的第一版,Ⅱ版次为各时期《人民日报》的第二版,Ⅲ类版次为《人民日报》的第三版,Ⅳ类版次为《人民日报》的第四版,Ⅴ类版次为《人民日报》的其他版,具体划分标准如表2-2所示。

表2-2　　　　　《人民日报》版次重新分类

版次的重要性分类	Ⅰ类版次	Ⅱ类版次	Ⅲ类版次	Ⅳ类版次	Ⅴ类版次
对应的《人民日报》版次	第一版	第二版	第三版	第四版	其他版

依据以上标准,我们将获得的7942条数据按频次进行分析、统计,形成表2-3所示的数据。

表2-3　　　《人民日报》关于农民工报道的版次统计

		频率(次)	百分比(%)	有效百分比(%)	累计百分比(%)
有效	Ⅰ类版次	751	9.5	9.5	9.5
	Ⅱ类版次	829	10.4	10.5	20.0
	Ⅲ类版次	201	2.5	2.5	22.5
	Ⅳ类版次	555	7.0	7.0	29.6
	Ⅴ类版次	5563	70.0	70.4	100.0
	合计	7899	99.5	100.0	
缺失	系统	43	0.5		
合计		7942	100.0		

表2-3显示，在7942篇有效样本中，43篇未能采集到有效的版次信息，系统自动视为缺失值。在其余的7899篇报道中，农民工报道信息居《人民日报》I类版次的报道量为751篇，占有效样本的9.5%；II类版次的报道量为829篇，占有效样本量的10.5%；V类版次总量较大，占了有效样本量的70.4%。如果说I类版次和II类版次可以视为重要版次的话，通过数据分析统计，我们可以发现，《人民日报》关于农民工利益诉求的报道，重要版次占据了20%的总量，说明农民工利益诉求被《人民日报》高度关注。

为了获得新老农民工利益诉求报道信息的差异性，我们将2000年前的数据归类于老生代农民工利益诉求，将2000年后的数据归类于新生代农民工利益诉求，运用SPSS 20中的交叉分析方法，以探测《人民日报》在报道新老农民工利益诉求方面的具体差异性。

表2-4 新老归类及版次统计

			版次统计					合计
			I类版次	II类版次	III类版次	IV类版次	V类版次	
新老归类	老生代	计数	19	48	7	6	87	167
		新老归类中的%	11.4%	28.7%	4.2%	3.6%	52.1%	100.0%
		版次统计中的%	2.5%	5.8%	3.5%	1.1%	1.6%	2.1%
		总数的%	0.2%	0.6%	0.1%	0.1%	1.1%	2.1%
	新生代	计数	732	781	194	549	5476	7732
		新老归类中的%	9.5%	10.1%	2.5%	7.1%	70.8%	100.0%
		版次统计中的%	97.5%	94.2%	96.5%	98.9%	98.4%	97.9%
		总数的%	9.3%	9.9%	2.5%	7.0%	69.3%	97.9%
合计		计数	751	829	201	555	5563	7899
		新老归类中的%	9.5%	10.5%	2.5%	7.0%	70.4%	100.0%
		版次统计中的%	100.0%	100.0%	100.0%	100.0%	100.0%	100.0%
		总数的%	9.5%	10.5%	2.5%	7.0%	70.4%	100.0%

Pearson 卡方值 = 67.576, df = 4, Sig. = 0.000

从表 2-4 中可以看出，随着报道量的增多，《人民日报》在重点版面显示农民工利益诉求的数量随之增加。2000 年前，即《人民日报》在重要版面报道老生代农民工的数量偏少，甚至在一些年份出现了零的报道。2000 年后，《人民日报》关于新生代农民工的报道数量逐年增多，展示出新生代农民工对社会建设的重要性和社会个体尤其是媒介对于新生代农民工的关注，且这种差异在统计学上具有意义（$p=0.000<0.05$）。当然，这种统计学意义上的差异性，也可能是样本数据差异引起的。

四 新老农民工利益表达报道版名的历时性转向

报纸版名是当前国内外政治、经济、文化活动的集中反映，是国内外事件的晴雨表，反映了社会生活各方面的关系，也成为时代发展的大事记。版名虽然在特定时期与版次是对应的关系，如"要闻"版名大体上对应版次为第一版，但它却总是变化的，如任一报纸的第一版都是版次一，但名称可能存在差异。从获得的有效数据的版名上看，《人民日报》关于农民工利益诉求的报道分别出现在 196 个不同版名中，其中报道频率前 20 名的版名统计如表 2-5 所示。

表 2-5　《人民日报》报道农民工利益诉求的版名统计（取前 20 名）

版名	要闻	社会	理论	新农村	国内要闻
报道篇数	2198	383	357	326	323
版名	新农村周刊	两会特刊	综合	政治新闻	政治
报道篇数	274	251	234	197	179
版名	经济周刊	视点新闻	经济	民主政治周刊	经济新闻
报道篇数	175	132	127	116	112
版名	读者来信	民生周刊	议政建言	文化	评论
报道篇数	110	94	93	87	83

从表 2-5 的综合数据来看，《人民日报》报道农民工利益诉求篇数最多的版名为要闻，共 2198 条。从大类来看，以新闻方式报道出

农民工利益诉求的篇数为 2965 篇，占全部有效样本 7942 篇的 37.3%。如果再加上新农村以及新农村周刊等版名的篇目，这一比例还会继续提升，也从一个侧面说明《人民日报》对农民工利益诉求的关注度。

为了比较新老农民工的利益诉求在《人民日报》不同版名出现的差异，我们分别将 2000 年前后两个时期《人民日报》报道农民工利益诉求的版名进行分别统计，形成如表 2-6 所示的数据。

表 2-6 《人民日报》报道新老农民工利益诉求的版名统计（取前 10 名）

类别	版名	经济	经济周刊	要闻	农村经济	读者来信
老生代农民工	报道篇数	10	9	7	5	4
	版名	理论	社会周刊·读者之友	法律与生活	读者之友	文件
	报道篇数	4	4	3	3	2
类别	版名	要闻	社会	理论	新农村	国内要闻
新生代农民工	报道篇数	2191	383	353	326	323
	版名	新农村周刊	两会特刊	综合	政治新闻	政治
	报道篇数	274	251	234	197	179

从表 2-6 中可以看出，《人民日报》报道老生代农民工利益诉求的版名主要集中于经济类版，如经济、农村经济等，说明老生代农民工的利益诉求更多地体现于经济利益。对新生代农民工的报道主要集中于新闻类版名，如要闻、国内要闻、新农村周刊、两会特刊以及政治新闻等。同时，在社会这一版名中，反映新生代农民工利益诉求的报道信息快速增加。表 2-6 的数据也显示，对于新生代农民工政治利益诉求的报道信息排名靠前。

五 新老农民工具体利益诉求报道的历时性转向

群体所有成员具体利益的集合或最大公约数构成该群体的具体利益。正如卢梭指出的那样："一旦人群这样地结合成一个共同体之后，侵犯其中的任何一个成员就不能不是在攻击整个共同体，而侵犯共同

第二章 延续与转向：新老农民工利益表达的历时性研究

体就不能不使它的成员同仇敌忾。"① 意即群体的具体利益总是高度相关于个体成员的具体利益。所以，从这个意义上讲，整体性特点是具体利益的首要特点。具体利益是由群体以及其基本的组成单元——个体所创造的，其整体性一方面表现为具体利益为整体利益或所有个体利益的累加，当然这种累加不是一般的或简单的累加。② 另一方面，由于深受群体内成员的影响，群体的具体利益因群体成员对特定的需要发生变化而使其产生差异性，充分显示出群体成员对该群体具体利益的影响。同时，群体的具体利益又深受外部性影响，即在不同的社会发展阶段，在特定的时空背景下，政府政策的变化会直接影响群体成员的具体利益，最终使具体利益表现出差异化的内容。正是基于具体利益内生性和外生性的影响，具体利益又表现出动态性特点，它说明不同时期，群体利益的"具体内容、实现方式和手段并不是固定不变的，而是动态变化发展的"③。一些过去没有出现的具体利益，随着社会环境的变化、个人需要的变迁以及群体组织结构的变化而逐渐成为群体具体利益的主要内容。同样，一些可能成为群体具体利益的会随着需要的被满足而逐渐淡出群体关注的视野。因此，具体利益的动态性就使得我们可以通过其动态性变迁考察不同时期群体的需要或偏好。

为了研究的便利和深入，在研究新老农民工群体具体利益诉求变迁过程中，我们将具体利益划分为三类指标。一类指标为宏观层面的利益，如政治、经济、文化、社会等利益；二类指标为中观层面的利益，如政治利益包括参政议政，社会利益包括城镇化、就业、创业等，经济利益包括工资收入等，文化利益包括文化教育、文化权益等；三类指标为微观层面的利益，如工资收入包括拖欠工资，城镇化包括市民化、户籍改革，创业包括创业支持、返乡创业，就业包括就业机会、进城就业、就业支持等。

数据采集过程中，有时候一条报道可能涉及多个一类指标或二类

---

① ［法］卢梭：《社会契约论》，何兆武译，商务印书馆1980年版，第27页。
② 朱鸣雄：《整体利益论：关于国家为主体的利益关系研究》，复旦大学出版社2006年版，第67页。
③ 同上书，第70页。

指标等。为了研究的科学性，我们将涉及多个一类指标、二类指标以及三类指标的报道拆分成若干条记录。如一则报道如果涉及两个一类指标，我们就将此报道拆分为两条记录，每条记录分别只对应其中的一项一类指标。按此方法，我们分别将7942条有效记录做一类指标、二类指标与三类指标的拆分，根据指标分类，得到数据，并对数据进行深入分析（见表2-7）。

表2-7　　　　　　农民工一类指标频数分布

		频率（次）	百分比（%）	有效百分比（%）	累计百分比（%）
有效	政治	99	1.1	1.1	1.1
	经济	1688	19.2	19.2	20.3
	文化	1727	19.6	19.6	39.9
	社会	5287	60.0	60.0	99.9
	其他	8	0.1	0.1	100.0
	合计	8809	100.0	100.0	
缺失	系统	4	0.0		
合计		8813	100.0		

按照拆分规则，经过拆分处理，将7942条有效报道记录拆为8813条一类指标的有效记录，在系统统计时缺失为4条。从表2-7的数据来看，《人民日报》报道的关于农民工一类指标方面的利益诉求共计8809条。从频率上看，关于农民工社会利益诉求方面的报道量最多，共5287条，占有效样本的60%；其次为农民工文化诉求方面的报道，共1727条，占有效样本的19.6%；排名第三的是关于经济利益方面的报道，共有1688条，占有效样本的19.2%。关于农民工政治利益诉求方面的报道量较少，只有99条，占有效样本的1.1%。

为了进一步研究《人民日报》对农民工在宏观利益诉求方面报道的差异性，我们将数据进行处理，将2000年后的数据统一归类于新生代农民工数据，将 2000 年前的数据归类于老生代农民工数据，运用 SPSS 20 交叉表分析方法，探讨新老农民工在宏观利益诉求方面的差异性。

表2-8　　　　　　　　　　新老归类及一类指标

			一类指标					合计
			政治	经济	文化	社会	其他	
新老归类	老生代	计数	0	2	19	145	0	166
		新老归类中的 %	0.0%	1.2%	11.4%	87.3%	0.0%	100.0%
		一类指标中的 %	0.0%	0.1%	1.1%	2.7%	0.0%	1.9%
		总数的 %	0.0%	0.0%	0.2%	1.6%	0.0%	1.9%
	新生代	计数	99	1686	1708	5142	8	8643
		新老归类中的 %	1.1%	19.5%	19.8%	59.5%	0.1%	100.0%
		一类指标中的 %	100.0%	99.9%	98.9%	97.3%	100.0%	98.1%
		总数的 %	1.1%	19.1%	19.4%	58.4%	0.1%	98.1%
合计		计数	99	1688	1727	5287	8	8809
		新老归类中的 %	1.1%	19.2%	19.6%	60.0%	0.1%	100.0%
		一类指标中的 %	100.0%	100.0%	100.0%	100.0%	100.0%	100.0%
		总数的 %	1.1%	19.2%	19.6%	60.0%	0.1%	100.0%

Pearson 卡方值 = 57.329，df = 4，Sig. = 0.000

表 2-8 展示的是新老农民工在一类指标上的交叉统计情况。可以看到，《人民日报》在报道老生代农民工政治利益方面的报道量为 0。对于老生代农民工来说，《人民日报》报道最多的宏观利益为社会利益，占老生代农民工全部样本的 87.3%，其次为文化利益，占老生代农民工全部样本的 11.4%。老生代农民工社会利益与经济利益报道量的差异在新生代农民工中得到大幅度削减。而且，随着时间的推进，新生代农民工除了对经济利益有追求之外，对文化利益的追求也远远超过他们的父辈。并且，在新生代农民工日常生活中，文化利益与经济利益相差无几。结果显示，这种数据之间的差异在统计学

上具有显著性（$p = 0.000 < 0.05$）。当然，这也可能是样本在数据上的差异性造成的。

我们按照上述相同的拆分与归类方法，对《人民日报》报道的有关农民工利益的中观利益即二类指标进行统计。

表 2-9　　　　　　　　农民工二类指标频数分布

		频率（次）	百分比（%）	有效百分比（%）	累计百分比（%）
有效	技术培训	989	11.2	11.2	11.2
	工资收入	1692	19.2	19.2	30.5
	提供服务	648	7.4	7.4	37.8
	创业	316	3.6	3.6	41.4
	日常生活	134	1.5	1.5	42.9
	城镇化	1230	14.0	14.0	56.9
	就业	975	11.1	11.1	68.0
	权益保护	1166	13.2	13.2	81.2
	文化教育	620	7.0	7.0	88.3
	参政议政	98	1.1	1.1	89.4
	社会保障	923	10.5	10.5	99.9
	学历教育	7	0.1	0.1	99.9
	文化权益	6	0.1	0.1	100.0
	合计	8804	99.9	100.0	
缺失	缺失	10	0.1		
	系统	1	0.0		
	合计	11	0.1		
合计		8815	100.0		

表 2-9 显示，在《人民日报》报道中，涉及农民工中观利益的共有 8804 条。从总体上看，关于农民工工资收入的报道量较多，共有 1692 条信息，占有效样本数的 19.2%；其次为城镇化方面的利益

诉求，共有 1230 条记录，占有效样本的 14.0%；权益保护方面的利益诉求也较为突出，共有 1166 条，占有效样本的 13.2%；技术培训、就业、社会保障等方面的利益诉求，也是农民工较为关注的。数据显示出农民工对于融入城市的渴望，对于改善生活条件、提升待遇的追求以及维护自己权益的主动性、积极性的增强。

表 2-10　　　　　　　　　　二类指标及新老归类

			新老归类		合计
			老生代	新生代	
二类指标	技术培训	计数	17	972	989
		二类指标中的 %	1.7%	98.3%	100.0%
		新老归类 2 中的 %	10.2%	11.3%	11.2%
		总数的 %	0.2%	11.0%	11.2%
	工资收入	计数	2	1690	1692
		二类指标中的 %	0.1%	99.9%	100.0%
		新老归类 2 中的 %	1.2%	19.6%	19.2%
		总数的 %	0.0%	19.2%	19.2%
	提供服务	计数	0	648	648
		二类指标中的 %	0.0%	100.0%	100.0%
		新老归类 2 中的 %	0.0%	7.5%	7.4%
		总数的 %	0.0%	7.4%	7.4%
	创业	计数	1	315	316
		二类指标中的 %	0.3%	99.7%	100.0%
		新老归类 2 中的 %	0.6%	3.6%	3.6%
		总数的 %	0.0%	3.6%	3.6%
	日常生活	计数	7	127	134
		二类指标中的 %	5.2%	94.8%	100.0%
		新老归类 2 中的 %	4.2%	1.5%	1.5%
		总数的 %	0.1%	1.4%	1.5%

续表

			新老归类		合计
			老生代	新生代	
二类指标	城镇化	计数	0	1230	1230
		二类指标中的 %	0.0%	100.0%	100.0%
		新老归类2中的 %	0.0%	14.2%	14.0%
		总数的 %	0.0%	14.0%	14.0%
	就业	计数	126	849	975
		二类指标中的 %	12.9%	87.1%	100.0%
		新老归类2中的 %	75.9%	9.8%	11.1%
		总数的 %	1.4%	9.6%	11.1%
	权益保护	计数	4	1162	1166
		二类指标中的 %	0.3%	99.7%	100.0%
		新老归类2中的 %	2.4%	13.5%	13.2%
		总数的 %	0.0%	13.2%	13.2%
	文化教育	计数	2	618	620
		二类指标中的 %	0.3%	99.7%	100.0%
		新老归类2中的 %	1.2%	7.2%	7.0%
		总数的 %	0.0%	7.0%	7.0%
	参政议政	计数	0	98	98
		二类指标中的 %	0.0%	100.0%	100.0%
		新老归类2中的 %	0.0%	1.1%	1.1%
		总数的 %	0.0%	1.1%	1.1%
	社会保障	计数	7	916	923
		二类指标中的 %	0.8%	99.2%	100.0%
		新老归类2中的 %	4.2%	10.6%	10.5%
		总数的 %	0.1%	10.4%	10.5%

第二章 延续与转向：新老农民工利益表达的历时性研究 77

续表

			新老归类		合计
			老生代	新生代	
二类指标	学历教育	计数	0	7	7
		二类指标中的 %	0.0%	100.0%	100.0%
		新老归类2中的 %	0.0%	0.1%	0.1%
		总数的 %	0.0%	0.1%	0.1%
	文化权益	计数	0	6	6
		二类指标中的 %	0.0%	100.0%	100.0%
		新老归类2中的 %	0.0%	0.1%	0.1%
		总数的 %	0.0%	0.1%	0.1%
合计		计数	166	8638	8804
		二类指标中的 %	1.9%	98.1%	100.0%
		新老归类2中的 %	100.0%	100.0%	100.0%
		总数的 %	1.9%	98.1%	100.0%

Pearson 卡方值 = 750.819，df = 12，Sig. = 0.000

由表2-10所示，就中观利益层面来说，2000年前的农民工或老生代农民工最关心的利益诉求为就业，占老生代农民工有效样本的75.9%，表明随着年龄的增大，老生代农民工就业的困难和国家对老生代农民工就业的支持。老生代农民工次要关心的利益诉求为技术培训，占老生代农民工有效样本的10.2%，表明在现实就业中，如何提升就业质量，快速找到合适的工作岗位，对于技术能力较差的老生代农民工来说，技术培训不仅成为个体的事情，也成为国家和政府应予以支持的事情。同时，老生代农民工对于工资收入、日常生活环境、权益保护、社会保障、提供服务、创业、城镇化、文化教育、参政议政、学历教育、文化权益等方面的中观利益诉求不关注或关注度较低。

新生代农民工较父辈表现出差异化的利益诉求。表2-10显示，新生代农民工对就业的关注度要低于老生代农民工，权益保护、参政议政以及创业需要随着时间的推移成为新生代农民工较为关注的利益诉求内容。从数据来看，新生代农民工最为关注的利益诉求为工资收入，占新生代农民工有效样本的 19.6%，这一比例远高于老生代农民工。新生代农民工次要关注的利益诉求为城镇化，占新生代农民工有效样本的 14.2%，说明新生代农民工的融城意愿较强，远高于他们的父辈。新生代农民工成长于改革开放中，他们对社会保障的关注度较高，占有效样本的 10.6%，渴望通过自己的努力获得市民相同的社会保障条件。此外，技术培训，无论对于新生代农民工还是对于老生代农民工而言，都成为他们关注的重要内容，但学历教育、文化权益等方面的诉求，在新老农民工中关注较少。

按照相同的拆分方法处理农民工利益诉求的三类指标，我们共获得 8818 条有效数据，对这些有效数据进行频数统计后得到表 2 - 11。

表 2 - 11　　农民工利益诉求三类指标频数（取前 20 名）

三类指标	拖欠工资	合法权益	技能培训	学历教育	就业机会
出现频率	1396	1071	985	613	440
三类指标	社会保险	户籍改革	融入城市	就业支持	进城安家
出现频率	437	408	341	305	299
三类指标	返乡创业	交通服务	养老保险	医疗保险	进城就业
出现频率	210	195	186	185	177
三类指标	工资增长	志愿服务	市民化	工资状况	创业支持
出现频率	167	155	147	114	97

从总体上看，《人民日报》对于新老农民工拖欠工资类的报道信息较多，共有 1396 条；其次是对新老农民工合法权益类利益诉求的呼吁，共有 1071 条报道信息；技能培育位列第三名，共有 985 条报道信息。除此之外，农民工对于社会保险、户籍改革、进城安家等表现出强劲的关注。

为了更加准确地了解新老农民工三类利益诉求的差异性，我们将 2000 年前（老生代农民工）的数据与 2000 年后（新生代农民工）的数据进行分别统计（见表 2–12 和表 2–13）。

表 2–12　2000 年前（老生代农民工）利益诉求三类指标频数（取前 10 名）

三类指标	进城就业	技能培训	生活环境	合法权益	养老保险
出现频率	125	17	5	4	3
三类指标	社会保险	工伤保护	返乡创业	个人成长	安全教育
出现频率	2	1	1	1	1

表 2–13　2000 年后（新生代农民工）利益诉求三类指标频数（取前 10 名）

三类指标	拖欠工资	合法权益	技能培训	学历教育	就业机会
出现频率	1396	1067	968	612	440
三类指标	社会保险	户籍改革	融入城市	就业支持	进城安家
出现频率	435	408	341	305	299

就老生代农民工而言，进城就业成为他们的基本利益诉求。数据也显示了 2000 年前老生代农民工到城市务工的困难性和艰巨性。但是要在城市顺利找到工作，必须提升自身素养，所以，个人成长、技能培训等利益诉求成为老生代农民工较为关注的内容。同时，老生代农民工的生活环境不太理想，合法权益受到破坏的情况时有发生，所以对于工伤保护、安全教育等成为老生代农民工的日常利益诉求。

与他们的父辈不同，新生代农民工最为关注的具体利益为拖欠工资，但是这种结果在老生代农民工的数据分析中未能发现。当然，数据统计结果不是说老生代农民工在日常工作中不存在拖欠工资等问题，而是说随着时间的推移，政府对解决农民工的工资问题表现出来的态度，充分说明政府对新生代农民工合法权益保护的程度。除此之外，新生代农民工与老生代农民工一样都非常关注个人的技能培训问题。表 2–13 所示的数据显示，新老农民工在就业方面表现出差异性，老生代农民工更多地关注进城找工作，新生代农民工关注更多的是就业机会和就业支持，而且对于户籍改革、融入城市、进城安家等城镇化内容表现出较高的关注度。

第三章 一致与变迁：新老农民工利益表达的现时性研究

由于相异的生存环境、价值观念，特别是长期以来形成的差异化的惯习，新老农民工的利益表达从历史层面来考察，表现出延续与转向的特点。在现实利益表达实践中，基于不同的需要，新老农民工在利益受损之后是否会主动表达，利益表达权利是否会充分行使，对利益表达组织存在价值的认知以及对权威的认同和以什么方式提升自己利益表达效能等方面展现着一致与变迁两个面向的特点。梳理新老农民工利益表达的现时差异性及其内在逻辑，是进一步深入研究新生代农民工利益表达的前提和基础。

第一节 一致与变迁：利益受损及表达主动性

"每一个社会的经济关系首先是作为利益表现出来的。"[①] 不同种的利益关系在新老农民工现实生活中产生。这种多元利益关系不仅呈现于农民工个体之间，也表现于他们的家庭之间，从更广阔的视野看，还表现于农民工与其他阶层之间，甚至农民工与基层政府之间。存在的多元利益关系诱致了新老农民工间的利益差别，有了不同种的利益差别，就有了多元化的利益诉求。所以，利益表达表现为新老农民工所处的不同种利益位置，反映了新老农民工利益多元化的倾向或现实。"两个利益主体对于同一利益客体都有利益要求，通常有两种形式的表现：一种形式是某一利益主体对另一利益主体既有利益的要

---

① 《马克思恩格斯全集》第 18 卷，人民出版社 1964 年版，第 307 页。

求,这实际上是一种利益剥夺;另一种形式是两个利益主体对于双方均未得到的都有利益要求,这往往表现为一种利益竞取。"①

一 利益受损

利益具有自然属性和社会属性统一体的特点。"人的利益形成是一个从人的需要到人的劳动再到社会关系的逻辑过程"②,是社会个体选择行为的初始动力。正如马克思所说,"人们奋斗所争取的一切,都同他们的利益相关"③。新老农民工利益表达行为的发生总有一种动力机制在推动,它体现着新老农民工的心理倾向,促进新老农民工产生某种活动,按照既定的方式行事。也就是说,利益受损是推动新老农民工进行利益表达的动力。换言之,利益受损是新老农民工进行利益表达以达到利益实现与维护的内在动力,是利益表达活动的起点,也是利益表达行为发生的关键。它是分析新老农民工为什么选择这种利益表达行为而不选择另一种利益表达行为的内在机制。

在问卷中,我们设计了一道题目:"在日常生活工作中,您的利益有没有出现损害的情况",供受测试者回答的选项分别为"经常有""偶尔有""没有""根本没有""不清楚"。

表3-1 在日常生活工作中,您的利益有没有出现损害的情况

		频率(次)	百分比(%)	有效百分比(%)	累计百分比(%)
有效	经常有	152	5.2	5.2	5.2
	偶尔有	1297	44.2	44.6	49.8
	没有	959	32.7	33.0	82.8
	根本没有	212	7.2	7.3	90.1
	不清楚	289	9.9	9.9	100.0
	合计	2909	99.2	100.0	
缺失	合计	23	0.8		
合计		2932	100.0		

---

① 王浦劬:《政治学基础》,北京大学出版社2004年版,第159页。
② 同上书,第46页。
③ 《马克思恩格斯全集》第1卷,人民出版社1956年版,第82页。

第三章 一致与变迁：新老农民工利益表达的现时性研究

从表 3-1 中可以看出，在 2909 组有效数据中，在日常工作或生活中，经常有利益损害的农民工有 152 位，占全部有效样本的 5.2%；偶尔有利益损害的农民工有 1297 位，占全部有效样本量的 44.6%。两者加起来的百分比为 49.8%，意即在 2909 位受测农民工中，有一半左右的受试者在日常工作中利益受到损害。同时，也可以看到，有 289 位农民工对自己利益是否受到损害的认知是不清楚的，占全部有效样本量的 9.9%。

为了更好地比对新生代农民工与老生代农民工在利益受损上的差异性认知，我们将此题目进行重新编码。将"经常有""偶尔有"整合为"有"，将"没有""根本没有"整合为"无"，将"不清楚"视为缺失值，并分别赋值为"1""0""6"。"1"代表利益受到损害，"0"代表利益没有受到损害，"6"为缺失值。将老生代农民工赋值为"1"，新生代农民工赋值为"2"，运用 SPSS 20 工具，以交叉分析方法研究探讨新老农民工日常生活工作利益受损情况的比较分析。数据输出结果如表 3-2 所示。

表 3-2　　　新老归类及在日常生活工作中，您的利益有没有出现损害的情况

			在日常生活工作中，您的利益有没有出现损害的情况		合计
			无	有	
新老归类	老生代	计数	789	842	1631
		新老归类中的 %	48.4%	51.6%	100.0%
		在日常生活工作中，您的利益有没有出现损害的情况中的 %	67.4%	58.1%	62.3%
		总数的 %	30.1%	32.2%	62.3%
	新生代	计数	381	606	987
		新老归类中的 %	38.6%	61.4%	100.0%
		在日常生活工作中，您的利益有没有出现损害的情况中的 %	32.6%	41.9%	37.7%
		总数的 %	14.6%	23.1%	37.7%

续表

		在日常生活工作中，您的利益有没有出现损害的情况		合计
		无	有	
合计	计数	1170	1448	2618
	新老归类中的 %	44.7%	55.3%	100.0%
	在日常生活工作中，您的利益有没有出现损害的情况中的 %	100.0%	100.0%	100.0%
	总数的 %	44.7%	55.3%	100.0%

Pearson 卡方值 = 23.762，df = 1，Sig. = 0.000

数据显示，在日常生活工作中，新老农民工利益受损情况存在显著性差异（$p = 0.000 < 0.05$）。从表 3－2 中可以看到，1631 位有效样本的老生代农民工中，在日常生活工作中利益受到损害的为 842 位，占老生代农民工有效样本的 51.6%。987 位有效样本的新生代农民工中，在日常生活工作中利益受到损害的为 606 位，占有效样本的新生代农民工总数的 61.4%。此数据说明，在日常生活工作中，新生代农民工比老生代农民工利益更易受到伤害。

为了进一步深入考察在日常生活工作过程中，新老农民工利益受损的差异性，我们将利益有无受到损害作为因变量，新老农民工作为自变量，运用 SPSS 20 的 Logistic 分析方法，进一步探讨二者间的差异性（见表 3－3）。

表 3－3　新老农民工利益损害情况的 logistic 回归分析结果

投入变量名称		B	S. E.	Wals	df	Exp（B）
	新老归类	0.399	0.082	23.664***	1	1.490
	常量	-0.334	0.119	7.917	1	0.716
整体模型适配度检验			$X^2 = 23.892***$，df = 1			

注：$*p < 0.05$，$**p < 0.01$

表 3-3 数据显示，新老农民工自变量与利益受到损害的因变量间的模型拟合度较好（$p=0.000<0.05$），不同"代"的农民工在利益受损方面呈现出显著性影响（$p=0.000<0.05$），再次证明了表 3-2 的分析结果。同时，新老农民工在利益受损上的 Exp（B）等于 1.490，意味着新生代农民工利益受到损害的发生概率是老生代农民工的 1.49 倍。换言之，在相同的环境与条件下，新生代农民工利益受到损害的概率比他们的父辈增加 49%，表明新生代农民工更易受到利益的损害。

为了了解在日常生活工作中，农民工哪些方面的利益受到损害，我们进一步提出问题："受到损害的一般是什么利益"，答案选项为"政治利益""物质利益""文化利益""社会利益""其他"，运用 SPSS 20 的频率分析方法，得到表 3-4 的数据。

表 3-4　　　　　　　　受到损害的一般是什么利益

		频率（次）	百分比（%）	有效百分比（%）	累计百分比（%）
有效	政治利益	69	2.4	4.7	4.7
	物质利益	850	29.0	57.4	62.1
	文化利益	144	4.9	9.7	71.8
	社会利益	284	9.7	19.2	91.0
	其他	133	4.5	9.0	100.0
	合计	1480	50.5	100.0	

从表 3-4 可以看出，在 1480 份有效问卷中，农民工利益受损最多的为物质利益，占样本总量的 57.4%；其次为社会利益，占样本总量的 19.2%。同时，也可以看出，农民工对政治利益与文化利益的关注越发强烈。

运用 SPSS 20 工具中的交叉分析方法，我们进一步考察新老农民工在利益受损间存在的具体差异。

表3-5 新老归类及受到损害的一般是什么利益

			受到损害的一般是什么利益					合计
			政治利益	物质利益	文化利益	社会利益	其他	
新老归类	老生代	计数	45	474	66	177	40	802
		新老归类中的 %	5.6%	59.1%	8.2%	22.1%	5.0%	100.0%
		受到损害的一般是什么利益中的 %	65.2%	55.8%	45.8%	62.3%	30.1%	54.2%
		总数的 %	3.0%	32.0%	4.5%	12.0%	2.7%	54.2%
	新生代	计数	24	375	78	107	93	677
		新老归类中的 %	3.5%	55.4%	11.5%	15.8%	13.7%	100.0%
		受到损害的一般是什么利益中的 %	34.8%	44.2%	54.2%	37.7%	69.9%	45.8%
		总数的 %	1.6%	25.4%	5.3%	7.2%	6.3%	45.8%
合计		计数	69	849	144	284	133	1479
		新老归类中的 %	4.7%	57.4%	9.7%	19.2%	9.0%	100.0%
		受到损害的一般是什么利益中的 %	100.0%	100.0%	100.0%	100.0%	100.0%	100.0%
		总数的 %	4.7%	57.4%	9.7%	19.2%	9.0%	100.0%

Pearson 卡方值 = 47.081，df = 4，Sig. = 0.000

表3-5显示，在具体受损利益方面，新老农民工代际存在显著性差异（$p = 0.000 < 0.05$）。具体来看，在文化利益方面，新生代农民工受损情况要高于老生代农民工，而在物质利益、政治利益与社会利益方面，新生代农民工受损情况要低于老生代农民工。但是，数据同时显示，对其他利益方面的关注，新生代农民工要远远高于老生代农民工。这阐释了在现时社会环境下，除了关注常见的物质、政治、社会、文化利益获取之外，新生代农民工还对自己其他利益表现出更高的关注度。

二 利益受损后的表达主动性

绝对受损和相对受损是新老农民工利益受损最主要的两个方面。利益的绝对受损是指新老农民工自身的利益受到现时性伤害,体现出现时性特点。相对受损是指新老农民工在与其他阶层或社会整体性发展过程相比处于利益受损状态,体现的是一种横向比较的特点。新老农民工对于相对受损和绝对受损具有差异性的反应行为。

新老农民工利益的绝对受损主要是指新老农民工自身的经济、政治、文化等利益受到损害,日常生活中主要表现为工资被拖欠等经济受损。随着新老农民工数量的日益增长,一些务工企业有意或无意地拖欠新老农民工工资。虽然这一具体的人数未能有官方的权威说法,但 2009 年国家统计局曾经在全国 31 个省份 857 个县 7100 个村和 68000 个农村住户中开展了一次规模较大的抽样调查。结果显示,被拖欠工资的返乡农民工占农民工总数的 5.8%。① 即使现在,每到春节前夕,国务院与全国总工会都会发文并现场督察或督办农民工工资拖欠情况。这一行为的持续存在就显示出依然存在新老农民工工资被拖欠的现象。新老农民工从某种意义上来说是一个处于维持生活的群体,影响其日常生活的主要还是经济收入。拖欠新老农民工工资直接影响到他们的家庭收入和生活条件的改善,不仅影响到其本人,还影响其一家人的生活。因此,当新老农民工的利益直接受损时,往往会以两种方式进行利益表达,一是采取合法手段进行利益的维护,二是采取极端的非理性手段,通过引发社会的关注实现其受损的利益。因此,利益的直接受损往往是新老农民工利益表达行为的初始动力。

从日常政治生活来考察,新老农民工利益的间接受损主要体现在以下两个方面。一是新老农民工的社会保险得不到有效落实。一些企业在追求效益最大化的情况下往往对新老农民工的社会保险少缴、不缴或欠缴。同时,一些新老农民工在务实的心理下,会答应企业主不缴社会保险而增加工资的建议,为了多领到现钱而失去缴纳社会保险

---

① 谢海军:《"无直接利益冲突"生成逻辑及社会治理》,社会科学文献出版社 2015 年版,第 75 页。

的机遇。调查发现，与职工利益关系较大的基本养老保险和基本医疗保险的参保率只有50%左右。① 二是新老农民工劳动条件得不到保障。特别是在一些企业中，新老农民工劳动强度大，加班时间长，极大损害了新老农民工的身心健康。还有一些新老农民工安全意识缺乏，或企业提供的安全设备简陋，安全保护制度得不到有效落实，影响到新老农民工人身安全。当然，新老农民工相对利益受损时，这时的利益表达行为选择与绝对利益受损时的利益表达行为选择存在着较大不同。绝对利益受损时，新老农民工往往会进行利益表达，甚至采取激进的利益表达行为。但是，社会保险不缴以及工作劳动条件较差等相对利益受损虽然对自己生活也有影响，但远未及绝对利益受损的影响那么大。所以，新老农民工在相对利益受损时往往会沉默，不太愿意主动表达自己的意见、建议与利益要求。"在国家宏观制度环境总体未变的情况下，作为理性的农民工当面临自己权益受损时自有他们的行动逻辑：在次要权益受损时，他们在行动上采取沉默的方式；在首要权益受损时，他们便会通过各种维权方式进行抗争，有时会采取比较激进的方式，甚至不排除使用暴力的可能性。"②

新老农民工在利益受损之后是否会主动表达是分析新老农民工利益诉求现时性变迁的重要内容。在问卷中，我们根据新老农民工最可能受到的利益损害：政治利益、经济利益、家庭利益与社会利益四个层面来实证探讨新老农民工表达利益诉求的主动性问题，以及进一步探讨分析新老农民工在不同利益类型上主动表达的差异性问题。

(一) 政治利益受损之后的主动表达情况

在问卷中，我们设计了"当您没有行使选举权时，您会反映吗"这一题目，以探讨新老农民工在政治利益受损情况下的反应，答案选项为"肯定要反映""根据情况反映""不反映""绝对不反映""不清楚"。我们对此选项进行降维处理，将"肯定要反映""根据情况反映"重新命名为"反映"，并赋值为"1"；将"不反映""绝对不

---

① 汝信、陆学艺、李培林：《2008年中国社会形势分析与预测》，社会科学文献出版社2007年版，第270页。

② 陈鼎：《农民工利益受损情况及其行动选择的社会学分析》，浙江省委党校系统"改革开放30年与中国特色社会主义在浙江的实验"理论研讨会，2008年。

第三章 一致与变迁：新老农民工利益表达的现时性研究

反映"重新命名为"不反映"，并赋值为"0"；"不清楚"视为缺失值，并赋值为"6"。将"当您没有行使选举权时，您会反映吗"作为因变量，新老农民工分类作为自变量，运用 SPSS 20 的 Logistic 分析方法，进一步探讨新老农民工在政治利益受损之后主动表达的差异性（见表3-6）。

表3-6　政治利益受损后新老农民工表达主动性的 Logistic 回归分析

投入的变量名称		B	S.E.	Wals	df	Exp(B)
	新老归类	0.197	0.090	4.774**	1	1.218
	常量	0.604	0.130	21.423	1	1.829
整体模型适配度检验		\multicolumn{5}{c}{$X^2 = 4.814**$，df = 1}				

*$p<0.1$，**$p<0.05$，***$p<0.01$

表3-6数据显示，新老农民工与政治利益受损后是否主动表达间的模型拟合度较好（$p=0.028<0.05$），不同"代"的农民工对政治利益受损后是否主动表达有显著性影响（$p=0.029<0.05$）。同时，数据表明，当政治利益受到损害后，新生代农民工表达利益诉求的主动性是他们父辈的1.218倍[Exp(B)=1.218]。换言之，在相同的环境与条件下，当政治利益受到损害后，新生代农民工主动表达的概率比老生代农民工增加21.8%，表明当政治利益受到损害后，新生代农民工更易主动表达。

（二）经济利益受损之后的主动表达情况

在农民工外出务工过程中，最直接的经济利益毫无疑问应同工资收入相关联。在问卷中，我们设计了"当您工资被拖欠时，您会反映吗"这一题目，以探讨新老农民工在经济利益受损情况下的反应，答案选项为"肯定要反映""根据情况反映""不反映""绝对不反映""不清楚"。我们对此选项进行降维处理，将"肯定要反映""根据情况反映"重新命名为"反映"，并赋值为"1"；将"不反映""绝对不反映"重新命名为"不反映"，并赋值为"0"；"不清楚"视为缺失值，并赋值为"6"。将"当您工资被拖欠时，您会反映吗"作为因变量，新老农民工分类作为自变量，运用 SPSS 20 的 Logistic 分析方法，进一步探讨新老农民工在经济利益受损之后表达的差异性（见表3－7）。

表3－7　经济利益受损后新老农民工表达主动性的 Logistic 回归分析

投入的变量名称		B	S. E.	Wals	df	Exp (B)
	新老归类	-0.433	0.251	2.970*	1	0.648
	常量	4.386	0.391	125.645	1	80.333
整体模型适配度检验				X^2 = 2.931*，df = 1		

注：*$p<0.1$，**$p<0.05$，***$p<0.01$

表3－7数据显示，新老农民工与经济利益受损后是否主动表达间的模型拟合度一般（$p=0.085<0.1$），不同"代"的农民工对经济利益受损后是否主动表达利益诉求显著性一般（$p=0.085<0.1$）。同时，数据表明，当经济利益受到损害后，新生代农民工表达利益诉求的主动性是他们父辈的 0.648 倍 [Exp (B) = 0.648]。换言之，在相同的环境与条件下，当经济利益受到损害后，新生代农民工主动表达的概率比老生代农民工降低 35.2%，表明经济利益受到损害后，老生代农民工更加积极主动地表达自己的利益诉求。

（三）家庭利益受损之后的主动表达情况

在新老农民工外出务工过程中，虽然人在外地，但是往往基于亲情的内在影响，非常关注家庭利益的相关情况。当家庭利益受到损害时，新老农民工是否主动表达，则体现出其利益表达主动性的一面。因此，在问卷中，我们设计了"当您家里其他人利益受到损害时，您会反映吗"这一题目，以探讨新老农民工在家庭利益受损情况下的反应，答案选项为"肯定要反映""根据情况反映""不反映""绝对不反映""不清楚"。我们对此选项进行降维处理，将"肯定要反映""根据情况反映"重新命名为"反映"，并赋值为"1"；将"不反映""绝对不反映"重新命名为"不反映"，并赋值为"0"；"不清楚"视为缺失值，并赋值为"6"。将"当您家里其他人利益受到损害时,您会反映吗"作为因变量,新老农民工分类作为自变量,运用SPSS 20 的 Logistic 分析方法,进一步探讨新老农民工在家庭利益受损之后表达的差异性(见表 3-8)。

表 3-8 家庭利益受损后新老农民工表达主动性的 Logistic 回归分析

投入的变量名称		B	S. E.	Wals	df	Exp(B)
	新老归类	-0.276	0.255	1.172	1	0.759
	常量	4.171	0.387	115.930	1	64.760
整体模型适配度检验		$X^2 = 1.156$,df = 1				

注:$*p<0.1$, $**p<0.05$, $***p<0.01$。

由表 3-8 的数据回归结果显示,不同"代"的农民工与家庭利益受损后是否主动表达间的模型拟合度较差($p=0.282>0.05$),新老农民工的分类对家庭利益受损后是否主动表达没有显著性差别($p=0.279>0.05$)。意即,当家庭利益受到损害后,新老农民工都会积极主动地表达自己的意见、建议与利益诉求。

(四)社会利益受损之后的主动表达情况

如果说利益表达更多的是将自己的利益诉求表达出来,意即当社会个体自身利益受到损害时,表达的主动性才最强烈。但是其他利益,特别是社会利益出现损害时,社会个体是否愿意主动表达自己的利益诉求,不仅是社会个体作为公民而存在的必要条件,也是社会发展进步的推动性力量。在问卷中,我们设计了"当您所生活的地方出现垃圾污染时,您会反映吗"这一题目,以探讨新老农民工在社会利益受损情况下的反应,答案选项为"肯定要反映""根据情况反映""不反映""绝对不反映""不清楚"。我们对此选项进行降维处理,将"肯定要反映""根据情况反映"重新命名为"反映",并赋值为"1";将"不反映""绝对不反映"重新命名为"不反映",并赋值为"0";"不清楚"视为缺失值,并赋值为"6"。将"当您所生活的地方出现垃圾污染时,您会反映吗"作为因变量,新老农民工分类作为自变量,运用 SPSS 20 的 Logistic 分析方法,进一步探讨新老农民工在经济利益受损之后表达的差异性（见表3-9）。

表3-9 社会利益受损后新老农民工表达主动性的 Logistic 回归分析

投入的变量名称		B	S. E.	Wals	df	Exp(B)
	新老归类	0.569	0.157	13.098***	1	1.766
	常量	1.699	0.212	64.140	1	5.470
整体模型适配度检验			$X^2 = 14.031***$, df = 1			

注：*$p<0.1$，**$p<0.05$，***$p<0.01$

表3-9的回归数据显示，新老农民工与社会利益受损后是否主动表达间的模型拟合度较好（$p=0.000<0.05$），不同"代"的农民工对社会利益受损后是否主动表达显著性较好（$p=0.000<0.05$）。同时，数据表明，当社会利益受到损害后，新生代农民工表达自己利益诉求的主动性是他们父辈的1.766倍［Exp(B)=1.766］。换言之，在相同的环境与条件下，当社会利益受到损害后，新生代农民工主动表达的概率比老生代农民工增加76.6%，表明社会利益受到损害后，新生代农民工更易主动表达。

三 简短结论

在日常工作或生活中，一半左右的新老农民工存在不同程度的利益受损情况，但仍然有一成左右的新老农民工对自己的利益受损情况存在认知不清的现象。新老农民工利益受损情况存在显著性差异。在日常生活工作中，新生代农民工比老生代农民工利益更易受到伤害，新生代农民工利益受到损害的概率是老生代农民工的1.49倍。农民工利益受损最多的为物质利益，其次为社会利益，新老农民工对政治利益与文化利益的关注也越发强烈。在具体受损利益方面，显著性差异存在于新老农民工代际变化间。具体来看，在文化利益方面，新生代农民工受损情况要高于老生代农民工；在物质利益、政治利益与社会利益方面，新生代农民工的受损情况要低于老生代农民工。但是，在其他利益方面，新生代农民工的关注度要远远高于老生代农民工，阐释了在现时社会环境下，除了关注常见的利益获取之外，新生代农民工还对自己的其他利益有较高的关注度。

不同"代"的农民工对政治利益受损后是否主动表达有显著性影响。当政治利益受到损害后，新生代农民工表达自己利益诉求的主动性是老生代农民工的 1.218 倍，表明当政治利益受到损害后，新生代农民工更加积极主动表达自己的利益诉求。不同"代"的农民工对经济利益受损后是否主动表达显著性一般。当经济利益受到损害后，新生代农民工表达自己利益诉求的积极性、主动性是老生代农民工的 0.648 倍，表明经济利益受到损害后，老生代农民工更加积极主动表达自己的利益诉求。不同"代"的农民工对家庭利益受损后是否主动表达没有显著性差别。意即，当家庭利益受到损害后，新老农民工都会积极主动地表达自己的意见、建议与利益诉求。新老农民工的分类对社会利益受损后是否主动表达有显著性影响。当社会利益受到损害后，新生代农民工积极主动表达的概率是他们父辈的 1.766 倍，表明社会利益受到损害后，新生代农民工更易主动表达。

第二节 一致与变迁：利益表达权利和价值的认知

德沃金在《刺猬的正义》一书中指出，作为个体联合的共同体，有些人有着特殊的角色与权力，并因此而延伸出社会个体有权享有什么这一权利的概念。比如，我们可能会问，哪怕就是从陌生人那里，我们有权获得什么帮助，或者朋友、爱人或公民之间，彼此有权利期待从对方那里获得什么帮助。但这只是社会个体的权利，然而政治权利有其特定的本质和效力。德沃金认为，社会个体所享有的政治权利中至少有一部分应该是由整个共同体提供和保障的，这是共同体的义务。然而，对于政治权利来说，经常存在以下几个方面的意义使用，一是正确的（right）政府政策或者应对全球变暖的正确（right）方法，这一层面的正确也体现出权利（right）的本质。二是政治家常说的个体对某某物有"权利"，即社会个体所渴望的政策。有了这个政策，社会个体的境况将会得到改善，这是从政策制定层面而言的权利。三是在独特意义上使用这一概念，如宣布某些特定的人所拥有的利益是如此重要，以至于应当确保它们不受政策的侵犯，哪怕这些政策真的能让人们整体上更好。在论述了政治权利概念的不同面向之后，德沃金用了"王牌"这一符号形象地界定了政治权利这个概念：否决其他一些为政治行动的正当性提供论证的理由，如果不被它否决掉，那些理由就成了充足理由。① 对于现代民主社会来说，利益表达权利不容忽视或省略。

一 利益表达权利的认知与维护

在当代民主政治条件下，利益表达权利也是新老农民工行使民主权利的重要形式。新老农民工在利益表达权的保障下，表达特定的意见、建议与利益诉求，这是"人类的精神福利"。② 埃德温贝克等也认为，利益表达权的价值在于维护个体自由或个体自治。③ 新老农民工通过行使利益表达权，将自己的利益诉求表达出来，引起务工地基层政府的关注。政府在政策议程设置中便可能会取舍这些利益诉求，并将利益诉求在政策中反映出来，体现从群众中来到群众中去的工作方法，也体现了社会主义政治文明的初衷和实质。这样才能使务工地基层政府在行使国家权力的同时，做到服务于人民。因此，利益表达权不仅是新老农民工当家做主的基本权利，也是新老农民工当家做主的基本方式。没有利益表达权利，根本就谈不上新老农民工当家做主。通过这种利益表达权利的行使，新老农民工才能真正融入务工地的基层民主政治建设中来，体现出一切为了人民的基层政府工作理念。

为了更好地了解新老农民工对于自己利益表达权利的认知，在问卷中，我们设计了一道题目："如果有一天您骑自行车或电动车上街，被执勤的警察突然叫住，让您交纳5块钱的非机动车辆行车年费，此

---

① ［美］德沃金：《刺猬的正义》，周望、许宗立译，中国政法大学出版社2016年版，第355—357页。
② 转引自李玉杰、孙佳颖《市场经济背景下的人权及其法律保护》，南开大学出版社2015年版，第139页。
③ 转引自虞崇胜、李海新《公民表达权研究述评》，《云南行政学院学报》2010年第9期。

时您会怎么做",选项分别为"怕公安抓人,赶紧把钱交了走人""必须看到相关文件,才会交钱""反正钱也不多,还是交了走人吧""好像没听过这规定,就是不交钱""我要找公安的上级领导反映情况去""其他"。将"其他"设为缺失值,运用 SPSS 20 工具,以交叉分析方法研究探讨新老农民工对于自己利益表达权利认知。数据输出结果如表 3-10 所示。

表 3-10 新老归类及如果有一天您骑自行车或电动车上街,被执勤的警察突然叫住,让您交纳 5 块钱的非机动车辆行车年费,此时您会怎么做

			如果有一天您骑自行车或电动车上街,被执勤的警察突然叫住,让您交纳 5 块钱的非机动车辆行车年费,此时您会					合计
			怕公安抓人,赶紧把钱交了走人	必须看到相关文件,才会交钱	反正钱也不多,还是交了走人吧	好像没听过这规定,就是不交钱	我要找公安的上级领导反映情况去	
新老归类	老生代	计数	291	658	664	95	36	1744
		新老归类中的 %	16.7%	37.7%	38.1%	5.4%	2.1%	100.0%
		如果有一天您骑自行车或电动车上街,被执勤的警察突然叫住,让您交纳 5 块钱的非机动车辆行车年费,此时您会怎么做中的 %	75.0%	52.3%	79.0%	41.3%	42.4%	62.3%
		总数的 %	10.4%	23.5%	23.7%	3.4%	1.3%	62.3%
	新生代	计数	97	599	177	135	49	1057
		新老归类中的 %	9.2%	56.7%	16.7%	12.8%	4.6%	100.0%
		如果有一天您骑自行车或电动车上街,被执勤的警察突然叫住,让您交纳 5 块钱的非机动车辆行车年费,此时您会怎么做中的 %	25.0%	47.7%	21.0%	58.7%	57.6%	37.7%
		总数的 %	3.5%	21.4%	6.3%	4.8%	1.7%	37.7%

续表

		如果有一天您骑自行车或电动车上街,被执勤的警察突然叫住,让您交纳5块钱的非机动车辆行车年费,此时您会					合计
		怕公安抓人,赶紧把钱交了走人	必须看到相关文件,才会交钱	反正钱也不多,还是交了走人吧	好像没听过这规定,就是不交钱	我要找公安的上级领导反映情况去	
合计	计数	388	1257	841	230	85	2801
	新老归类中的 %	13.9%	44.9%	30.0%	8.2%	3.0%	100.0%
	如果有一天您骑自行车或电动车上街,被执勤的警察突然叫住,让您交纳5块钱的非机动车辆行车年费,此时您会怎么做中的 %	100.0%	100.0%	100.0%	100.0%	100.0%	100.0%
	总数的 %	13.9%	44.9%	30.0%	8.2%	3.0%	100.0%

Pearson 卡方值 =236.446, df = 1, Sig. =0.000

数据显示,在2801个有效样本中,将近一半(44.9%)的农民工非常重视自己的利益表达权利,都表示在遇到题目假设的情况下,"必须看到相关文件,才会交钱"。但仍然有43.9%的农民工忽视了自己的利益表达权益,表示"反正钱也不多,还是交了走人吧"(占样本总量的30%)以及"怕公安抓人,赶紧把钱交了走人"(占样本总量的13.9%)。具体来看,对于关注自己利益表达权利的,表示"必须看到相关文件,才会交钱"中,有37.7%的老生代农民工持此种态度,远远小于新生代农民工56.7%的占比。"好像没听过这规定,就是不交钱"以及"我要找公安的上级领导反映情况去"最直接表达农民工对自己利益表达权益认知的选项,新生代农民工选择的答案比例都高于老生代农民工。从该层面来看,新生代农民工的利益表达权利意识较他们的父辈高。这一结果也显示出对自己利益表达权益不太关注的选择中,对"反正钱也不多,还是交了走人吧"以及"怕公安抓人,赶紧把钱交了走人"两个选项,新生代农民工选择此答案的比例都低于老生代农民工。而且，新生代农民工与老生代农民工在利益表达权益维护上存在显著性差异（Pearson 卡方值 = 236.446，$p = 0.000 < 0.05$）。

为了进一步深入考察新老农民工在利益表达权利认知存在的差异，我们再次将题项进行处理。将"如果有一天您骑自行车或电动车上街，被执勤的警察突然叫住，让您交纳5块钱的非机动车辆行车年费，此时您会怎么做"，重新命名为"是否会维护自己的利益表达权利"，并对选项进行降维处理。将选项"怕公安抓人，赶紧把钱交了走人""反正钱也不多，还是交了走人吧"两个选项降维为"否"，编码为"0"；将选项"必须看到相关文件，才会交钱""好像没听过这规定，就是不交钱""我要找公安的上级领导反映情况去"降维为"是"，编码为"1"；将选"其他"设为缺失值，编码为"6"。将"是否会维护自己的利益表达权利"作为因变量，新老农民工作为自变量，运用 SPSS 20 的 Logistic 分析方法，进一步探讨二者间的差异性（见表3–11）。

表3–11　新老农民工利益表达权利认知的 Logistic 回归分析

投入的变量名称		B	S. E.	Wals	df	Exp (B)
	新老归类	1.241	0.085	212.662***	1	3.459
	常量	-1.432	0.119	144.542	1	0.239
整体模型适配度检验		\multicolumn{5}{c}{$X^2 = 229.306$***，df = 1}					

注：*$p < 0.1$，**$p < 0.05$，***$p < 0.01$

表3–11数据显示，新老农民工与利益表达权利认知间的模型拟合度较好（$p = 0.000 < 0.05$），不同"代"的农民工对利益表达权利的认知具有显著性影响（$p = 0.000 < 0.05$）。同时，数据表明，对于利益表达权利的认知，新生代农民工是他们父辈的3.459倍 [Exp (B) = 3.459]。换言之，在相同的环境与条件下，当是否要行使自己的利益表达权利时，新生代农民工会行使利益表达权利的发生概率比老生代农民工增加245.9%。这表明新生代农民工比老生代农民工

更加关注自己的利益表达权利,也间接地验证了表 3 – 10 的结论。

二　公共讨论决策的参与

"表达权突出地体现出现代法治的文明本质。"① 利益表达权的保障,是务工地基层政府政治文明最典型的特点之一。务工地政治文明建设的好坏首先体现为新老农民工的利益表达权利能否得到真正保障,获得与当地居民同等的利益表达权利。从某种意义上说,新老农民工的利益表达权利与务工地政治文明间存在一座由此及彼的桥梁,政治文明必须通过新老农民工的利益表达权利来表现。没有新老农民工的利益表达权,务工地的政治文明也就不是完全意义上的政治文明。新老农民工的利益表达权构成务工地政治文明的本质表现,必然会成为务工地政治文明的典型特点。正如亚历山大·米克尔约翰指出的那样,利益表达权利的根本价值就在于维护和健全民主程序,促进政治文明的发展。②

基层政府鼓励、允许社会个体参与公共讨论决策,是基层民主政治发展的基本内容,也是衡量民主发展状况的重要指标。社会个体参与公共讨论的频率,不仅反映着基层民主政治发展的状况,也体现着社会个体公共情怀和对利益表达权利的关注程度。为了考察不同"代"的农民工对于乡村政治发展条件下利益表达重要性的认知,在问卷中,我们设计了"您认为老百姓是否应该参与公家事情的讨论决策"这一题目,答案选项"公家的事情是党员干部的事,与我们老百姓没有关系""即使参加了,也是走形式,干部们不会听老百姓意见的""公家的事情就是大家的事情,老百姓当然应该积极参加""干部让参加,我们就参加,无所谓了""我没有闲工夫参加,有其他事情要做""说不清",要求被调查者从上述选项中选择一项来回答自己的认知。将多于两个选项的答案以及选择"说不清"选项的问卷处理为无效问卷(见表 3 – 12)。

---

① 蒋德海:《法政治学要义》,社会科学文献出版社 2014 年版,第 215 页。
② 转引自虞崇胜、李海新《公民表达权研究述评》,《云南行政学院学报》2010 年第 9 期。

表3-12 "您认为老百姓是否应该参与公家事情的讨论决策"频率

		频率（次）	百分比（%）	有效百分比（%）	累积百分比（%）
有效	公家的事情是党员干部的事，与我们老百姓没有关系	301	10.3	12.0	12.0
	即使参加了，也是走形式，干部们不会听老百姓意见的	818	27.9	32.5	44.5
	公家的事情就是大家的事情，老百姓当然应该积极参加	970	33.1	38.6	83.1
	干部让参加，我们就参加，无所谓了	214	7.3	8.5	91.6
	我没有闲工夫参加，有其他事情要做	211	7.2	8.4	100.0
	合计	2514	85.7	100.0	

从表3-12中可以看到，在2514份有效问卷中，被调查者回答"公家的事情就是大家的事情，老百姓当然应该积极参加"这种正向肯定选项的人数为970人，占全部有效问卷样本的38.6%，说明近40%的被调查者对参与公共讨论持鼓励和赞同的态度。但数据同时显示，仍然有32.5%的被调查者认为"即使参加了，也是走形式，干部们不会听老百姓意见的"，对基层民主政治的发展持负向认知。

表3-12数据显示了被调查的农民工对于基层民主政治的总体性认知与评价。为了获取新老农民工对此问题的差异性看法，我们运用SPSS 20中的交叉分析方法，做更为深入的探讨（见表3-13）。

表3-13交叉数据显示，新老农民工对于基层民主政治发展中讨论决策的认知存在显著性不同（Pearson卡方值=87.899，df=4，$p=0.000<0.05$）。具体来看，对于"公家的事情就是大家的事情，老百姓当然应该积极参加"这种正向认知，新生代农民工占比为48.1%，远高于老生代农民工32.4%的比例。而"公家的事情是党员干部的事，与我们老百姓没有关系"等负向方面的态度认知，老生代农民工的占比皆高于新生代农民工。这从一个侧面说明，在基层民主政治发展中，新生代农民工更易参与政治，当地基层政府也为新生代农民工参与政治提供了更多的机会和平台。

表3-13 新老归类及您认为老百姓是否应该参与公家事情的讨论决策

			您认为老百姓是否应该参与公家事情的讨论决策					合计
			公家的事情是党员干部的事,与我们老百姓没有关系	即使参加了,也是走形式,干部们不会听老百姓意见的	公家的事情就是大家的事情,老百姓当然应该积极参加	干部让参加,我们就参加,无所谓了	我没有闲工夫参加,有其他事情要做	
新老归类	老生代	计数	238	521	495	145	128	1527
		新老归类中的 %	15.6%	34.1%	32.4%	9.5%	8.4%	100.0%
		您认为老百姓是否应该参与公家事情的讨论决策中的 %	79.1%	63.8%	51.1%	67.8%	60.7%	60.8%
		总数的 %	9.5%	20.7%	19.7%	5.8%	5.1%	60.8%
	新生代	计数	63	296	474	69	83	985
		新老归类中的 %	6.4%	30.1%	48.1%	7.0%	8.4%	100.0%
		您认为老百姓是否应该参与公家事情的讨论决策中的 %	20.9%	36.2%	48.9%	32.2%	39.3%	39.2%
		总数的 %	2.5%	11.8%	18.9%	2.7%	3.3%	39.2%
合计		计数	301	817	969	214	211	2512
		新老归类中的 %	12.0%	32.5%	38.6%	8.5%	8.4%	100.0%
		您认为老百姓是否应该参与公家事情的讨论决策中的 %	100.0%	100.0%	100.0%	100.0%	100.0%	100.0%
		总数的 %	12.0%	32.5%	38.6%	8.5%	8.4%	100.0%

Pearson 卡方值 = 87.899,df = 4,Sig. = 0.000

为了进一步探讨新老农民工在乡村民主政治发展中对于讨论决策的认知差异,我们将"公家的事情就是大家的事情,老百姓当然应该积极参加"这种正向认知重新命名为"参与",并赋值为"1";将"公家的事情是党员干部的事,与我们老百姓没有关系"等三个负向方面的认知重新命名为"不参与",并赋值为"0";将选择"说不清"以及多选的问卷视为缺失值,赋值为"6"。将"是否参与公共讨论决策"作为因变量,新老农民工分类作为自变量,运用 SPSS 20 的 Logistic 分析方法,进一步探讨新老农民工在是否参与公共讨论方面态度的差异性(见表3-14)。

表3-14　　新老农民工是否参与公共讨论决策的 Logistic 回归分析

投入的变量名称		B	S. E.	Wals	df	Exp(B)
	新老归类	0.660	0.084	61.649***	1	1.934
	常量	-1.394	0.127	121.315	1	0.248
整体模型适配度检验		\multicolumn{5}{c}{$X^2=62.009***$, df=1}				

注:*$p<0.1$,**$p<0.05$,***$p<0.01$

回归数据显示,新老农民工对于是否参与公共讨论决策行为的模型拟合度非常好($p=0.000<0.05$),不同"代"的农民工对公共讨论决策参与行为有显著性影响($p=0.000<0.05$)。同时,数据表明,在是否参与公共讨论决策行为时,新生代农民工参与的意愿与实践是他们父辈的1.934倍[Exp(B)=1.934]。换言之,在相同的环境与条件下,新生代农民工主动参与公共讨论决策的发生概率比老生代农民工增加93.4%,他们更易主动参与公共讨论决策。

三　利益诉求吸纳认知

新老农民工利益表达权是务工地民主政治最基本的要求和体现。务工地的民主政治有很多种表现形式,如选举权、被选举权、权力制约与监督等,这些都是社会个体享有的基本权利。这些基本权利也应当包括利益表达权。新老农民工的利益表达权是其影响政府决策的重要方式。桑斯坦认为,利益表达权的主要价值在于促进审议性或协商的政治。[①] 埃默森将作为保证社会成员参与社会的包括政治的决策过

---

① 转引自虞崇胜、李海新《公民表达权研究述评》,《云南行政学院学报》2010年第9期。

程的一种方式视为利益表达的四种价值之一。① 基层政府是全心全意为人民服务的最底层权力行使机构，新老农民工为务工地经济政治发展贡献了心血，也应当享有向政府提出意见、建议与利益诉求的权利。务工地基层政府应当了解、倾听新生代农民工的意见、建议与利益诉求。如果新生代农民工不能提出意见、建议与利益诉求，或者其只能讲务工地基层政府喜欢听、愿意听的意见、建议与利益诉求，则务工地基层政府为人民服务的政府本质就值得怀疑。因此，为了保障政府全心全意为人民服务宗旨的实现，必须保障新老农民工的利益表达权利。只有保障了新老农民工利益表达权利的行使，务工地基层政府才能听到不同的声音，了解新老农民工的所思所想，才能维护社会稳定，促进政治文明的发展。否则，"政府只听见自己的声音，它也不知道它听见的只是自己的声音，但是它却欺骗自己，似乎听见的是人民的声音，而且要求人民拥护这种自我欺骗"②。

在行政过程中，不同阶层的意见、建议与利益要求能否得以快速准确地传递到政策制定过程中，不仅是保障决策科学有效的需要，也不仅是政府为人民服务根本宗旨体现的需要，更是现代民主政治发展的基本要求。为此，在调查问卷中，我们设计了"政府应认真听取人民群众的意见、建议与利益要求"这一题目，要求被调查者从"非常同意""同意""不同意""非常不同意""不清楚"五个选项中选择一个。此题目不仅体现出农民工对此问题的认知，也体现出当地政府在倾听农民工利益诉求的认知。为了研究的便利，我们将上述五个选项进行降维，将"非常同意""同意"降维为"同意"，并赋值为"1"；将"不同意""非常不同意"降维为"不同意"，并赋值为"0"；将"不清楚"视为缺失值，并赋值为"5"。将"政府应认真听取人民群众的意见、建议与利益要求"作为因变量，新老农民工分类作为自变量，运用 SPSS 20 的 Logistic 分析方法，进一步探讨新老农民工对此问题认知的差异性（见表 3 – 15）。

---

① 转引自虞崇胜、李海新《公民表达权研究述评》，《云南行政学院学报》2010 年第 9 期。

② 《马克思恩格斯全集》第 1 卷，人民出版社 1956 年版，第 78 页。

表 3-15　　"政府应认真听取人民群众的意见、建议与
　　　　　　利益要求"的 Logistic 回归分析

投入的变量名称		B	S. E.	Wals	df	Exp(B)
	新老归类	-2.412	0.441	29.909***	1	0.090
	常量	8.121	0.834	94.728	1	3363.471
整体模型适配度检验		\multicolumn{4}{c	}{$X^2 = 46.812***$, df = 1}	

注：$*p<0.1$，$**p<0.05$，$***p<0.01$

表 3-15 数据显示，新老农民工对"政府应认真听取人民群众的意见、建议与利益要求"这种政治吸纳间的模型拟合度非常好（$p = 0.000 < 0.05$），不同"代"的农民工对政府是否应关注农民工利益表达有显著性影响（$p = 0.000 < 0.05$）。同时，新生代农民工认为政府应该关注农民工意见、建议与利益诉求的认知是老生代农民工的 0.090 倍 [Exp(B) = 0.090]。换言之，在相同的环境与条件下，老生代农民工比新生代农民工更倾向于认为政府应该关注农民工的利益表达，吸纳农民工的意见、建议与利益诉求。

四 简短结论

总体上看，在利益表达权益维护上，新生代农民工与老生代农民工存在显著性差异，新生代农民工的利益表达权利意识比老生代农民工高。对利益表达权利的认知在不同"代"的农民工间存在显著性不同，新生代农民工愿意主动表达的概率是他们父辈的 3.459 倍。意即在相同的环境与条件下，当是否要行使自己的利益表达权利时，新生代农民工会行使的概率比老生代农民工增加 245.9%，表明新生代农民工比老生代农民工更加关注自己的利益表达权利。

近 40% 被调查的农民工对参与公共讨论持鼓励和赞同的态度，但仍有 32.5% 的被调查者对基层民主政治的发展持负向认知。而且，新老农民工对于基层民主政治发展中的公共讨论决策的认知存在显著性不同。具体来看，对于应该参与讨论公共决策的正向认知方面，新生代农民工占比远高于老生代农民工，对不应该参与公共讨论决策的

负向方面的态度认知,老生代农民工的占比皆高于新生代农民工。在是否参与公共讨论决策行为上,新生代农民工参与的意愿与实践是他们父辈的1.934倍。换言之,在相同的环境与条件下,新生代农民工主动参与公共讨论决策的概率比老生代农民工增加93.4%,新生代农民工更易主动参与公共讨论决策。

不同"代"的农民工对政府是否应关注农民工利益表达有显著性影响。新生代农民工认为政府应该关注农民工意见、建议与利益诉求的认知是他们父辈的0.090倍。换言之,在相同的环境与条件下,老生代农民工比新一代农民工更倾向于认为政府应该关注农民工的利益表达,吸纳农民工的意见、建议与利益诉求。

当然,我们应当看到,虽然确定了利益表达权是新生代农民工的重要权利,但是这种权利的行使在现实利益表达实践中存在着以下两个需要解决的问题。一是新生代农民工虽然知道拥有这种权利,但是拥有不等于行使,意即新生代农民工能否积极、主动地行使这种民主权利成为利益表达过程中的重要一环。二是虽然新生代农民工知道并行使了这种民主权利,但务工地基层政府是否认同这种权利,也就是说,新生代农民工表达了自己的利益诉求后,政府决策能否关注并将其纳入政策议程,又直接影响到新生代农民工利益表达的效能。这两个问题简单地可以用以下语句来概括,一是新生代农民工利益表达的积极性或主动性问题,二是务工地基层政府对新生代农民工利益表达的认知问题,即政策吸纳问题。

第三节 一致与变迁:利益表达组织的认知

个体在与自然界做斗争过程中,单凭个人力量难以提高生产效率,为了生存与发展,个体之间便团结起来,形成一定群体。规范性的群体就形成了社会组织。社会组织不仅能在组织间、个体间建立一种横向的、网络式的信息沟通联系,而且可以充当政府与社会个体信息沟通的中介和桥梁。在政府、社会组织与社会个体纵向关系上建立一种非行政的信息沟通联结方式,社会个体可以通过社会组织向政府表达自己的意见、建议与利益要求,减少社会个体直接面对政府的行为。同时，社会组织能更好地代表个体的利益，表达个体的利益要求，从而使社会组织聚合个体资源。资源的整合与强化有效增强了社会组织利益表达效能，进一步提升社会组织的利益表达能力。在现代民主社会中，社会个体通过自己的代言人——社会组织与政府对话，进行合作或提出呼吁，社会组织在综合了社会成员的意见、建议与利益要求的基础上，将社会成员关注的利益要求输入政策制定过程。

一 共同利益的认知

许多自由主义者认为，自己决定自己的行为和选择是不可剥夺的天赋人权。社会个体应当被当作道德存在而被尊重，允许他们进行自我决定，否认他们的自我决定就是把他们当作小孩或者动物。从此逻辑出发，自由主义者认为，每个人独一无二的人格使得他们的利益有别于任何人的利益。但是，日常生活告诉我们，一些社会个体没有进行充分的准备，因此在生活中的选择等方面需要做出决策时，往往产生较大困难。一些社会个体因此在日常生活中屡犯错误：做一些无意义的事，失去尊严甚至有害的事情。按照自由主义者的观点来说，这是他们天然的权利，我们不应该干涉。但是，我们为什么不阻止他们去犯这种错误呢？一旦社会个体不能有效地应付生活，过分地只关注自己的利益，这种现象反而会把他们推向悲哀的命运。这些论点是社群主义者批评自由主义者论点的日常生活逻辑。社群主义者认为，自由主义把自己的理论奠基在社会个体权利与个人利益之上，而忽略了个人自由。个人利益只有在共同体中才可能实现，应当在日常生活中正确处理好个体利益与共同利益的关系，把个人利益置于共同利益中。①

心理学中有一个非常有名的实验，说明了共同利益的重要性。被测试对象被随机分配，两人一组，但每组的两个成员被分别安排东西两个房间，不可见面，每个人都能得到 10 美元。参加实验的 A 组被告知，他们可以自愿将自己手中的 10 美元的一部分交给各自的搭档（B 组），而 B 组得到的钱是 A 组交出的钱财的 3 倍。也就是说，当 A

---

① ［加］威尔·金里卡：《当代政治哲学》，刘莘译，上海译文出版社 2011 年版，第 270—275 页。

组交出 5 美元时，B 组将会得到 15 美元；与此同时，B 组的成员也被告知，他们可以将自己得到的美金全部或部分返还给 A 组，甚至可以不返还。

这个实验表明，如果 A、B 组间没有信任，A 组的成员不会把钱交给 B 组成员，B 组的可信度不高，不相信 A 组会再次将钱交出来，就不会返还得到的美金。从这个角度上说，A（B）成员如果只关注自己利益，双方的信任就难以达到。如果 A、B 两组都对共同利益更加关注，那么 A、B 两组的利益会越来越大。因此，马克思说，"表现为全部行为的动因的共同利益，虽然被双方承认为事实，但是这种共同利益本身不是动因，它可以说只是在自身反映的特殊利益背后，发生在同另一个人的个别利益相对立的个别利益背后"①。

共同利益首先是在同一关系，尤其是经济关系和经济地位基础上形成的，是处于同一社会关系和社会地位中的人们的各自利益的相同部分。② 意即，共同利益是在相异的利益主体间因其具有特定的共同职业并通过特定集合性事件等联结在一起的。具有共同社会地位和社会关系的新老农民工形成共同的居住区域，相似的职业归属感，相同的政治、经济、文化等利益诉求，同时具备共同的年龄归属、共同的生理或心理特征以及共同的行为特征，这些是新老农民工共同利益产生与存在的理论和现实支点。

"有共同利益的个人组成的集团总是试图增进那些共同利益"，但是，"除非一个集团中人数很少，或者除非存在强制或其他某些特殊手段以使个人按照他们的共同利益行事，有理性的寻求自我利益的个人不会采取行动以实现他们共同的或集团的利益"。③ 从理论上说，对一定范围内共同利益的追求和维护，是新老农民工集群性利益表达发生的原因之一。同时，我们也应看到，虽然新老农民工有共同的利益，但未必能产生集群化的利益表达行为，这里面还有一个影响因素——对共同利益的自我认知问题。共同利益"不是个人利益的简单

---

① 《马克思恩格斯全集》第 30 卷，人民出版社 1995 年版，第 199 页。
② 王浦劬：《政治学基础》，北京大学出版社 2006 年版，第 54 页。
③ [美] 曼瑟尔·奥尔森：《集体行动的逻辑》，陈郁等译，上海人民出版社 1995 年版，第 1—2 页。

第三章 一致与变迁：新老农民工利益表达的现时性研究

集合，也不是多数人利益在数量上的直接体现，它是社会共同的、整体的、综合性和理性的利益"[1]。新老农民工如果对存在于他们间的共同利益有着较为深刻的一致性认知，他们组织起来的可能性就越大，原子化个体式的利益表达行为发生的概率就会减少。

为了探究新老农民工对他们之间存在的共同利益的认知，在问卷中，我们设计了"您认为农民工群体当前是否有共同的政治、经济利益诉求"一题，要求受试者从"绝对有""有""没有""绝对没有""说不清"五个选项中选出一项，将选项为"说不清"的样本设置为缺失值，以此获取被调查者对共同利益的认知情况。利用SPSS 20 工具中的交叉分析方法来探讨新老农民工对共同利益认知的差异性（见表3-16）。

表3-16　　　　　　新老归类及共同利益认知

新老归类			共同利益认知				合计
			绝对有	有	没有	绝对没有	
新老归类	老生代	计数	585	983	148	0	1716
		新老归类中的 %	34.1%	57.3%	8.6%	0.0%	100.0%
		共同利益认知中的 %	69.3%	63.1%	50.5%	0.0%	63.3%
		总数的 %	21.6%	36.3%	5.5%	0.0%	63.3%
	新生代	计数	259	576	145	14	994
		新老归类中的 %	26.1%	57.9%	14.6%	1.4%	100.0%
		共同利益认知中的 %	30.7%	36.9%	49.5%	100.0%	36.7%
		总数的 %	9.6%	21.3%	5.4%	0.5%	36.7%
合计		计数	844	1559	293	14	2710
		新老归类中的 %	31.1%	57.5%	10.8%	0.5%	100.0%
		共同利益认知中的 %	100.0%	100.0%	100.0%	100.0%	100.0%
		总数的 %	31.1%	57.5%	10.8%	0.5%	100.0%

Pearson 卡方值 =57.962，df =3，Sig. =0.000

---

[1] 韩大元：《宪法文本中公共利益的规范分析》，《法学论坛》2005 年第 1 期。

从表 3-16 中可以看出，认为农民工之间绝对有共同的政治、经济利益诉求的老生代农民工占全部有效样本的 69.3%，高于新生代农民工 30.7% 的占比，认为农民工之间有共同的政治、经济利益诉求的老生代农民工占全部有效样本的 63.1%，也远高于新生代农民工 36.9% 的比较。同时，从交叉表中还可以看到，老生代农民工认为农民工之间不存在共同的政治、经济利益诉求的占比远低于新生代农民工。与他们的父辈相比，新生代农民工对于农民工之间是否存在共同的政治、经济利益的认知持一定的负向认知，且这种认知在新老农民工之间具有显著差异性（Pearson 卡方值 = 57.962，$p = 0.000 < 0.05$）。

为了进一步探讨新老农民工关于共同利益的具体差异性，我们将"您认为农民工群体当前是否有共同的政治、经济利益诉求"简化为"共同利益认知"变量，将选项"绝对有""有""没有""绝对没有""说不清"进行降维处理，将回答"绝对有""有"两个选项的答案重新命名为"有"，并编码为"1"；将回答"没有""绝对没有"两个选项的答案重新命名为"无"，并编码为"0"；将选择"说不清"答案的视为缺失值，并赋值为"5"。将"共同利益认知"作为因变量，新老农民工分类作为自变量，运用 SPSS 20 的 Logistic 分析方法，进一步探讨新老农民工对共同利益认知的差异性（见表 3-17）。

表 3-17　新老农民工共同利益认知差异的 Logistic 回归分析

投入的变量名称		B	S. E.	Wals	df	Exp（B）
	新老归类	-0.702	0.122	33.098 ***	1	0.496
	常量	3.062	0.193	252.984	1	21.374
整体模型适配度检验		$X^2 = 32.891$ ***，df = 1				

注：* $p < 0.1$，** $p < 0.05$，*** $p < 0.01$

表 3-17 的回归结果显示，新老农民工与共同利益认知方面的回归模型拟合度非常好（$p = 0.000 < 0.05$），不同"代"的农民工对共同利益认知具有显著性影响（$p = 0.000 < 0.05$）。同时，数据表明，

新生代农民工对共同利益的认知是老生代农民工的 0.496 倍 [Exp(B) = 0.496]。换言之，在相同的条件下，新生代农民工对共同利益认知的发生概率较于他们的父辈会下降 50.4%，意即老生代农民工更加认为农民工群体间存在共同的政治、经济利益诉求，新生代农民工则相反。这也说明对于自由独立性更强的新生代农民工来说，他们之间的相互联系以及对于共同利益的认知与社会变迁以及自己成长的政治、经济、社会、文化环境相关联，并因此影响到他们对共同利益的认知。

二 利益表达组织价值的认知

随着社会主义民主政治的发展，新老农民工对个体利益或政治关系不断加以关注，当利益受损后总是通过某些渠道表达自己的利益诉求，维护、实现自己的利益。在现实实践中，原子化或个体式的利益表达对所有的不同"代"的农民工增进个体利益的帮助是非常有限的，更不要说增加新老农民工整体的共同利益了。因此，一个存在于农民工间的利益表达组织非常重要。"组织是通往政治权力之路，也是稳定的基础，因而也是政治自由的前提。"[①] 从总体上看，在社会转型过程中形成的不同"代"的农民工人数较多，但在现实利益表达实践中，以组织化的方式表达自己的利益诉求的行为却未能产生。奥尔森在《集体行动的逻辑》一书中指出，如果公共利益对很多人的利益产生影响的话，那么这些利益相关人采取行动的可能性将下降。每一社会个体都希望别人来采取行动，自己可以免费获得行动所带来的收益。[②] 这便是日常生活中到处存在的"搭便车"心理。因此，数量众多的新老农民工并不一定代表着能够以组织化的方式表达自己的利益诉求。法国思想家勒庞在其名著《乌合之众》一书中写道，作为个体的人是理性的、有教养的、有独立性的，但是随着聚众密度的增大，身处其中的个体的思维和行为渐趋一致，变得越情绪化

---

① [美] 塞缪尔·亨廷顿：《难以抉择——发展中国家的政治参与》，任晓寿等译，华夏出版社 1998 年版，第 91 页。

② [美] 曼瑟尔·奥尔森：《集体行动的逻辑》，陈郁等译，上海人民出版社 1995 年版。

和非理性,有可能导致非理性或非制度化的行动。① 这说明,无组织化的新老农民工利益表达往往会偏离行动的初始目标,并很难得到控制。"乌合之众"展示出组织化的价值。

新老农民工利益表达组织能广泛代表各种利益要求和愿望,协助政府参与国家事务和社会事务,交流沟通信息,对于提升新老农民工利益表达的有序性具有非常重要性的作用。② 新老农民工的利益表达行为与利益组织之间存在天然的联系,即认同现有权威并拥护现有秩序,希望通过利益表达行为促进制度完善,追求共同利益的最大化。③

总体上看,新老农民工虽然数量庞大,但组织化程度缺乏。在这种情况下,新老农民工阶层日益远离城市社会的中心资源,只能作为一个"自在的阶层"而存在,不能上升为"自为的阶层"。组织化程度偏低,消解了将新老农民工的个体微弱的声音凝聚起来的可能,削弱了新老农民工阶层的整体话语权。④ 因此,新老农民工需要形成整体性力量,在表达中展示与其人数相匹配的实力,依靠自己的利益表达组织以增强群体的话语表达权,维护自身利益。新老农民工建构的利益表达组织是由众多利益个体组成的利益共同体,为实现新老农民工整体共同的利益而维护他们自身的合法权益。通过组织化的表达,新老农民工可以充分影响到政府决策,维护他们整体性的利益。如何将共同利益或具有相似价值观的新老农民工集合起来,形成利益表达组织,增强组织化利益表达效能,不仅取决于新老农民工对利益表达组织的认知,也取决于新老农民工是否能自我形成或加入某一利益表达组织,以减少利益表达成本,增加话语表达影响力,有序参与政治行动,维护社会的安定环境。

在有了共同利益认知的基础上,农民工是否认为应该联合起来,

---

① [法]勒庞:《乌合之众》,华中科技大学出版社2015年版。
② 魏星河:《当代中国公民有序政治参与研究》,人民出版社2007年版,第214—216页。
③ 魏星河、欧阳兵:《民间组织是我国公民有序参与的重要载体》,《中共福建省委党校学报》2007年第4期。
④ 赵银红:《自媒体时代农民工维权表达研究》,经济日报出版社2016年版,第75页。

成立一个属于自己的利益表达组织,以组织的力量表达自己的利益诉求,实现话语权的增强和利益的维护呢?为了探寻此问题,我们在问卷中设计了"您认为农民工群体组建一个组织是否重要"一题,提供了"非常重要""重要""一般""不重要""根本没关系"五个选项供受试者选择,并利用 SPSS 20 工具中的交叉表分析方法来探讨新老农民工对农民工组织的认知差异性(见表 3-18)。

表 3-18　新老归类及您认为农民工群体组建一个组织是否重要

			您认为农民工群体组建一个组织是否重要					合计
			非常重要	重要	一般	不重要	根本没关系	
新老归类	老生代	计数	596	999	179	20	28	1822
		新老归类中的 %	32.7%	54.8%	9.8%	1.1%	1.5%	100.0%
		您认为农民工群体组建一个组织是否重要中的 %	65.3%	68.8%	45.1%	31.7%	34.6%	62.7%
		总数的 %	20.5%	34.4%	6.2%	0.7%	1.0%	62.7%
	新生代	计数	317	452	218	43	53	1083
		新老归类中的 %	29.3%	41.7%	20.1%	4.0%	4.9%	100.0%
		您认为农民工群体组建一个组织是否重要中的 %	34.7%	31.2%	54.9%	68.3%	65.4%	37.3%
		总数的 %	10.9%	15.6%	7.5%	1.5%	1.8%	37.3%
合计		计数	913	1451	397	63	81	2905
		新老归类中的 %	31.4%	49.9%	13.7%	2.2%	2.8%	100.0%
		您认为农民工群体组建一个组织是否重要中的 %	100.0%	100.0%	100.0%	100.0%	100.0%	100.0%
		总数的 %	31.4%	49.9%	13.7%	2.2%	2.8%	100.0%

Pearson 卡方值 = 131.957, df = 4, Sig. = 0.000

表 3-18 数据显示,认为农民工应该组建一个属于自己的组织,

即认为组织非常重要的老生代农民工占比 65.3%，高于新生代农民工 34.7%的占比，认为组织重要的老生代农民工占比为 68.8%，也远远高于新生代农民工 31.2%的占比。同时，数据也显示，认为组织重要性一般的老生代农民工占比为 45.1%，低于新生代农民工 54.9%的占比，认为组织不重要的老生代农民工占比为 31.7%，远远低于新生代农民工 68.3%的占比，认为组织根本不重要的老生代农民工占比为 34.6%，也远远低于新生代农民工 65.4%的占比。这说明在组织重要性的认知上，老生代农民工对组织重要性的认知要高于新生代农民工，而且数据在统计学上具有显著性意义（Pearson 卡方值 = 131.957，$p = 0.000 < 0.05$）。

为了进一步深入分析新老农民工对组织重要性认知方面的具体差异，我们将"您认为农民工群体组建一个组织是否重要"简化为组织重要性认知变量，将选项"非常重要""重要""一般""不重要""根本没关系"进行降维，把"非常重要""重要"降维为"重要"，并赋值为"1"；将"不重要""根本没关系"降维为"不重要"，并赋值为"0"，将组织重要性认知作为因变量，新老农民工分类作为自变量，运用 SPSS 20 的 Logistic 分析方法，进一步探讨新老农民工对组织重要性认知的差异性（见表 3 - 19）。

表 3 - 19　　新老农民工对组织重要性认知差异的 Logistic 回归分析

投入的变量名称		B	S.E.	Wals	df	Exp（B）
	新老归类	-1.279	0.181	49.869***	1	0.278
	常量	4.889	0.311	246.396	1	132.855
整体模型适配度检验		$X^2 = 53.704***$，df = 1				

注：*$p < 0.1$，**$p < 0.05$，***$p < 0.01$

表 3 - 19 的回归数据显示，新老农民工与组织重要性认知方面的回归模型拟合度非常好（$p = 0.000 < 0.05$），不同"代"的农民工对组织重要性的认知具有显著性影响（$p = 0.000 < 0.05$）。同时，回归结果表明，新生代农民工群体对利益表达组织重要性的认知是老生代

农民工的 0.278 倍 [Exp (B) = 0.278]。换言之，在相同的条件下，新生代农民工群体对利益表达组织重要性认知的发生概率较于他们的父辈下降 72.2%。意即，老生代农民工更加认为农民工群体间组建组织非常有必要，新生代农民工的认知则相反。

对建构利益表达组织重要性的认知，是农民工是否愿意加入组织的前提，但并不是说认为建构组织重要就一定会使农民工加入组织。因此，对是否愿意加入利益表达组织构成农民工利益表达行为的重要内容。在问卷中，我们设计了"如果有这么一个组织，您愿意加入吗"，提供了"非常愿意""愿意""不愿意""非常不愿意""不清楚"五个选项供被调查者选择。同样，我们运用 SPSS 20 中的交叉表分析方法，宏观探讨新老农民工对于加入组织意愿的认知方面的差异性（见表 3 - 20）。

表 3 - 20　　新老归类及如果有这么一个组织，您愿意加入吗

			如果有这么一个组织，您愿意加入吗				合计
			非常愿意	愿意	不愿意	非常不愿意	
新老归类	老生代	计数	524	1050	102	1	1677
		新老归类中的 %	31.2%	62.6%	6.1%	0.1%	100.0%
		如果有这么一个组织，您愿意加入吗中的 %	71.7%	65.3%	31.7%	11.1%	62.8%
		总数的 %	19.6%	39.3%	3.8%	0.0%	62.8%
	新生代	计数	207	557	220	8	992
		新老归类中的 %	20.9%	56.1%	22.2%	0.8%	100.0%
		如果有这么一个组织，您愿意加入吗中的 %	28.3%	34.7%	68.3%	88.9%	37.2%
		总数的 %	7.8%	20.9%	8.2%	0.3%	37.2%
合计		计数	731	1607	322	9	2669
		新老归类中的 %	27.4%	60.2%	12.1%	0.3%	100.0%
		如果有这么一个组织，您愿意加入吗中的 %	100.0%	100.0%	100.0%	100.0%	100.0%
		总数的 %	27.4%	60.2%	12.1%	0.3%	100.0%

Pearson 卡方值 = 104.665，df = 3，Sig. = 0.000

表3-20数据显示,如果有一个属于自己的利益表达组织,老生代农民工非常愿意加入的比例为71.7%,远高于新生代农民工28.3%的比例;愿意加入的比例为65.3%,将近为新生代农民工的2倍。新生代农民工不愿意加入利益表达组织的比例为68.3%,为老生代农民工的2倍;非常不愿意加入利益表达组织的新生代农民工比例为老生代农民工的8倍。数据结果表明,新生代农民工与他们的父辈相比,更不愿意加入利益表达组织,以组织的方式表达自己的意见、建议与利益诉求。而且,这种差异在统计学意义上显著(Pearson卡方值 = 104.665,$p = 0.000 < 0.05$)。

新生代农民工与老生代农民工在加入利益表达组织的意愿方面到底存在怎样的具体差异性?我们将"如果有这么一个组织,您愿意加入吗"简化为"加入组织意愿"变量,将五个选项进行重新处理,把"非常愿意""愿意"两个选项合并为"愿意",并重新编码为"1";将"不愿意""非常不愿意"两个选项合并为"不愿意",重新编码为"0";将"不清楚"选项处理为缺失值,编码为"5"。将加入组织意愿作为因变量,新老农民工分类作为自变量,运用SPSS 20的Logistic分析方法,进一步探讨新老农民工在加入组织意愿上的差异性(见表3-21)。

表3-21　新老农民工加入组织意愿的Logistic回归分析

投入的变量名称		B	S. E.	Wals	df	Exp(B)
	新老归类	-1.517	0.127	143.562***	1	0.219
	常量	4.244	0.217	382.658	1	69.691
整体模型适配度检验			$X^2 = 157.135$***,df = 1			

注:*$p < 0.1$,**$p < 0.05$,***$p < 0.01$

表3-21的回归数据显示,新老农民工与加入组织意愿的回归模型拟合度非常好($p = 0.000 < 0.05$),不同"代"的农民工的分类对加入组织意愿具有显著性影响($p = 0.000 < 0.05$)。同时,回归结果表明,新生代农民工对加入利益表达组织的意愿是老生代农民工的

0.219 倍 [Exp（B）=0.219]。换言之，在相同的条件下，新生代农民工愿意主动加入组织的发生概率较于他们的父辈下降 78.1%，意即，在条件和环境相同的情况下，老生代农民工更加愿意加入自己的利益表达组织，新生代农民工则相反。

三 简短结论

新老农民工对于农民工间是否存在共同的政治、经济利益的认知有显著的差异性，新生代农民工较他们的父辈持负向认知。新生代农民工对共同利益的认知是老生代农民工的 0.496 倍。在相同的条件下，新生代农民工对共同利益的认知的发生概率较于他们的父辈下降 50.4%，意即老生代农民工更加认为农民工群体间存在共同的政治、经济利益诉求，新生代农民工则相反。

在是否需要建构自己的利益表达组织认同方面，老生代农民工认为应该建构自己利益表达组织的占比远远超过新生代农民工。也就是说，老生代农民工对利益表达组织重要性的认知高于新生代农民工。新生代农民工对利益表达组织重要性的认知是老生代农民工的 0.278 倍。换言之，在相同的条件下，新生代农民工对利益表达组织重要性认知的发生概率较老生代农民工会下降 72.2%。老生代农民工更加认为农民工群体间组建利益表达组织非常有必要，新生代农民工对此认知则相反。

当出现如果有一个属于自己的利益表达组织，是否会加入的情境设计时，愿意加入的老生代农民工比例要高于新生代农民工。新生代农民工对加入利益表达组织的意愿认知是老生代农民工的 0.219 倍。换言之，在相同的条件下，新生代农民工愿意主动加入利益表达组织的发生概率较于他们的父辈下降 78.1%。新生代农民工与老生代农民工相比，表现出不愿意加入利益表达组织的负向认知，而且这种认知差异在统计学意义上显著。

第四节 一致与变迁：利益表达渠道的选择

利益表达渠道是作为利益表达主体的新老农民工向执政党、政府等利益表达客体表达自己的意见、建议与利益诉求的信息通道和途径。新老农民工在利益表达过程中，自己的利益要求能否或在多大程度上传递到有关利益客体并通过政策反映出来，在很大程度上取决于利益表达渠道的畅通与否。新老农民工利益表达要求通过的途径不同，决定着利益表达客体接收信息的完整与否。不同利益表达渠道在传递新老农民工利益要求的能力上是不同的，即使同一利益表达渠道在不同时空下传递能力也会存在差异。如果利益表达渠道不能将新老农民工利益要求顺利传递出去，即新老农民工表达的利益要求在传递过程中受到阻塞或停滞，就会造成新老农民工非制度化利益表达的产生与扩展。①李普塞特说过："建立正常的渠道使一些相冲突的利益得以表达。"② 凡纳也认为，如果有合适的利益表达渠道与政治竞争存在，也就是说，如果渠道有能力解决和规范大量的冲突，日益增长的参与有利于政治系统稳定。③

一　利益表达渠道的种类

新老农民工在利益表达实践过程中，存在着信访利益表达渠道、人民代表大会利益表达渠道、中国共产党利益表达渠道、人民政协利益表达渠道及大众传播媒介利益表达渠道等可供自己选择。我们将现存新老农民工可以选择的利益表达渠道按组织与程序两个维度进行归类，并且每一个维度都简化为有和无，进而将现存的新老农民工利益表达渠道分为四种：有组织有程序的利益表达渠道、有组织无程序的利益表达渠道、无组织有程序的利益表达渠道、无组织无程序的利益表达渠道。表达行为指向的对象是组织或团体，则体现出有组织的特点。利益表达渠道在设置过程中对表达的程序做了特定的说明和规则

---

① 姚望：《转型期中国农民非制度化利益表达的生发逻辑及矫正路径》，《中州学刊》2011年第1期。

② ［美］西摩·马丁·李普塞特：《一致与冲突》，张华青等译，上海人民出版社1995年版，第138页。

③ S. Finer, *The Man on Horseback*, New York, Praeger, 1962, pp. 87 – 88, 转引自 Ormod K. Lunde, "Modernization and Political Instability: Coup d'Etat in Africa 1955 – 85", *Acta Sociologica*, 1991, p. 34。

的要求，则体现出有程序的特征。

（一）有组织有程序的利益表达渠道

在现在社会既存的利益表达渠道中，有一些存在着相应的正式、公开、制度化的专门机构，它们每天都承接着新老农民工的利益诉求信息，工作机制具有较高的程序性、规则性、文体性约束，构成新老农民工有组织有程序的利益表达渠道，主要有以下几种。

第一，人民代表大会制度应是有组织有程序的最优渠道。人民选举代表，代表表达着选民的利益诉求，参政议政。定期召开的人民代表大会以及代表深入基层了解社情民意构成人民代表大会表达新老农民工特定利益诉求的重要方式。同时，基于人民代表大会的至高无上的权力，政策决策者在决策时必须要求听取、吸纳人民代表的意见，新老农民工的利益诉求即可通过这种方式进入政策决策系统。

第二，政治协商会议也是新老农民工有组织有程序的利益表达渠道。这种体制内的利益表达渠道同人民代表大会的运作逻辑一样，加上政协委员所特有的代表广泛性特点，使其在表达新老农民工利益诉求方面具有特殊优势。各民主党派通过政治协商、政党协商、政策协商等多种协商方式，将新老农民工的利益诉求传递到政策决策系统。

第三，中国共产党各层级组织也是新老农民工有组织有程序的利益表达渠道。遍布全国各地的450多万个基层党组织时刻活跃于新老农民工周边，无论新老农民工是否是党员，基于中国共产党全心全意为人民服务的宗旨，他都可以向各层级的基层党组织表达利益诉求。再加上基于中国共产党各层级基层组织在政策制定中的核心位置，新老农民工通过此种渠道，利益诉求最易进入政策决策系统。

第四，群团组织也是新老农民工有组织有程序的利益表达渠道。现存于社会各色形态的中国共产党领导下的群团组织，如工会、共青团、妇联、文联等都是按照特定程序建立起来的群团组织。它们有特定的组织架构和运转逻辑，活跃于新老农民工身边。同时，这些群团组织又与政策决策机构具有紧密的联系，承担了解、收集、表达自己所代表的部分群体利益诉求的职责。新老农民工可以充分地利用身边的群团组织表达自己的利益诉求。

（二）无组织有程序的利益表达渠道

在当代中国，具有利益表达渠道功能的还有那些本身存在无组织或组织架构较松散，却有正式、公开的制度化程序表达特定利益诉求的渠道。这种无组织有程序的利益表达渠道，大体上包括以下几种。

第一，信访是根据《信访条例》而设置的一个无组织有程序的利益表达渠道。信访机构内部的组织性稍弱，但其在运转过程中对各种利益诉求的处理、接待等方面都具有严格的程序性规定，从而弥补了有组织有程序性的利益表达渠道引发的渠道堵塞等不足。[①]

第二，民意调查也是新老农民工表达意见、建议与利益要求的渠道。民意调查内部没有组织架构，也是为了针对某些特定阶层的利益要求或特定社会问题而临时搭建的团体，但其在调查过程中不仅具有严格的调查程序，而且具有特定的客观精神，能真实地反映出新老农民工特定的利益诉求。

第三，各类座谈会也是新老农民工表达意见、建议与利益要求的渠道。在务工地，一些基层政府为了使决策更加科学有效，往往临时召开一些座谈会、听证会等。这些座谈会往往内部无固定的组织架构，但其在运行前相关部门就做了程序性的规定，哪些人参加，什么阶段做什么事情，都有制度性的文本规定。新老农民工可以利用此利益表达渠道表达自己的利益诉求。

（三）有组织无程序的利益表达渠道

在新老农民工利益表达渠道系统中，也存在一些内部具有特定的组织架构，但在表达利益诉求时却不存在公开、制度化的程序，这类渠道主要有以下几种。

第一，大众媒介是新老农民工有组织无程序形态的利益表达渠道。传统大众媒体内部有严格的分工和组织架构，但是记者在反映利益诉求时只要遵循新闻的客观性原则，在处理好党性和人民性的关系问题的基础上，什么时候、在什么版面、以什么表达风格发布信息，都没有严格的程序性规定。由于其影响力较大，产生的社会舆论较

[①] 尹利民：《作为利益表达的信访之行动逻辑——一个解释框架及其应用》，《南昌大学学报》2009 年第 1 期。

强，新老农民工可以利用大众媒介作为渠道表达自己特定的利益诉求。

第二，民间社团也是新老农民工有组织无程序形态的利益表达渠道。民间社团的内部呈现的是松散的组织架构，没有严格的科层制设置，但其自组织程序较高，利益整合能力较强，与特定群体保持联系，能有效地发出声音，如打工者维权组织等。

（四）无组织无程序的利益表达渠道

新老农民工在表达意见、诉求自己特定利益过程中，往往会利用无组织无程序的表达渠道，如利用网络进行泄愤、责骂，利用关系进行表达，街头政治等。这又体现出非制度化的特点。

二 利益表达渠道选择的差异性

广泛性是既存的新老农民工利益表达渠道展现出来的首要特点。一是从纵向上看，大部分新老农民工利益表达渠道都具有纵向设置的体系，如中国共产党利益表达渠道就可以通过纵向设置体系的方式，使这种利益表达渠道深入新老农民工的日常生活，方便新老农民工表达自己的利益诉求。新老农民工还可以通过科层制较为明显的各层级政府利益表达渠道反映自己的利益诉求。众多的纵向设置体系的利益表达渠道大多与特定政治权力相关联，是政策制定的最主要执行机构和重要影响者。因此，它构成新老农民工利益表达渠道的主要要素。二是从横向上看，"从党内渠道到党外渠道，从社会团体渠道到国家政权渠道，从传统信访渠道到网络传播渠道……林林总总，遍布了社会结构和社会生活的各个层次和各个领域"①。新老农民工可以根据自己的偏好从众多的利益表达渠道中选择一种，依法、有序地表达利益诉求，实现利益的维护与增进。

（一）利益表达渠道选择的多样性

社会主义民主制度的发展是人类政治文明进步与发展的显著性特征，体现着人民当家做主的社会主义民主政治建设的根本内容。随着

---

① 石伶亚：《西部乡村民间公众利益表达引导机制研究》，华中师范大学出版社 2012 年版，第 82 页。

社会主义民主制度的确立和发展，相伴随的各种利益表达渠道能较好地表达社会个体的利益诉求，在政策制定、社会稳定、民意畅通等方面发挥着重要作用，体现着社会主义利益表达渠道的基本特点。

在现实生活实践中，新老农民工选择自己的利益表达渠道具有自我随机性，他们总是根据既往的惯习并结合自己的社会资源进行选择。为了获取新老农民工利益表达渠道的差异性，我们在问卷中设计了"您会通过什么途径反映自己的意见和建议"一题，并运用 SPSS 20 工具对此题进行频率分析，结果如表 3-22 所示。

表 3-22 您会通过什么途径反映自己的意见和建议

		频率（次）	百分比（%）	有效百分比（%）	累计百分比（%）
有效	直接向党和政府有关部门提交	201	6.9	7.9	7.9
	通过人大或政协提交	159	5.4	6.3	14.2
	通过社会团体反映	436	14.9	17.2	31.5
	通过媒体反映	553	18.9	21.9	53.3
	通过网络反映	437	14.9	17.3	70.6
	通过参加各种听证会	116	4.0	4.6	75.2
	访谈会	75	2.6	3.0	78.1
	私下交流	553	18.9	21.9	100.0
	合计	2530	86.3	100.0	

从表 3-22 中可以看出，在有效的 2530 份问卷中，新老农民工最喜欢的利益表达渠道分别为私下交流和通过媒体反映，各占有效样本的 21.9%，体现出新老农民工对于利益表达中关系网络资源的利用和对媒体的信任以及媒体的成长与影响。通过网络反映和通过社会团体反映利益诉求分别位居第三和第四，也反映出网络在新老农民工日常生活中的价值以及新老农民工对于网络的使用与操作。

运用 SPSS 20 工具中的交叉表分析法，我们进一步考察新老农民工对于利益表达渠道选择的差异性，输出结果见表 3-23。

表 3-23　新老归类及您会通过什么途径反映自己的意见和建议

			新老归类		合计
			老生代	新生代	
您会通过什么途径反映自己的意见和建议	直接向党和政府有关部门提交	计数	111	90	201
		您会通过什么途径反映自己的意见和建议中的 %	55.2%	44.8%	100.0%
		新老归类中的 %	7.0%	9.5%	8.0%
		总数的 %	4.4%	3.6%	8.0%
	通过人大或政协提交	计数	58	100	158
		您会通过什么途径反映自己的意见和建议中的 %	36.7%	63.3%	100.0%
		新老归类中的 %	3.7%	10.5%	6.2%
		总数的 %	2.3%	4.0%	6.2%
	通过社会团体反映	计数	315	121	436
		您会通过什么途径反映自己的意见和建议中的 %	72.2%	27.8%	100.0%
		新老归类中的 %	19.9%	12.8%	17.2%
		总数的 %	12.5%	4.8%	17.2%
	通过媒体反映	计数	358	194	552
		您会通过什么途径反映自己的意见和建议中的 %	64.9%	35.1%	100.0%
		新老归类中的 %	22.7%	20.4%	21.8%
		总数的 %	14.2%	7.7%	21.8%
	通过网络反映	计数	137	300	437
		您会通过什么途径反映自己的意见和建议中的 %	31.4%	68.6%	100.0%
		新老归类中的 %	8.7%	31.6%	17.3%
		总数的 %	5.4%	11.9%	17.3%

续表

			新老归类		合计
			老生代	新生代	
您会通过什么途径反映自己的意见和建议	通过参加各种听证会	计数	70	46	116
		您会通过什么途径反映自己的意见和建议中的 %	60.3%	39.7%	100.0%
		新老归类中的 %	4.4%	4.8%	4.6%
		总数的 %	2.8%	1.8%	4.6%
	访谈会	计数	58	17	75
		您会通过什么途径反映自己的意见和建议中的 %	77.3%	22.7%	100.0%
		新老归类中的 %	3.7%	1.8%	3.0%
		总数的 %	2.3%	0.7%	3.0%
	私下交流	计数	472	81	553
		您会通过什么途径反映自己的意见和建议中的 %	85.4%	14.6%	100.0%
		新老归类中的 %	29.9%	8.5%	21.9%
		总数的 %	18.7%	3.2%	21.9%
合计		计数	1579	949	2528
		您会通过什么途径反映自己的意见和建议中的 %	62.5%	37.5%	100.0%
		新老归类中的 %	100.0%	100.0%	100.0%
		总数的 %	62.5%	37.5%	100.0%

从表 3-23 数据中可以看出，老生代农民工最喜欢的利益表达渠道为私下交流，占据该选项的 85.4%。新生代农民工最喜欢的利益表达渠道是通过网络反映，占据该选项的 68.6%。新老农民工对传统的乡土环境认知存在巨大差异。生活于科学技术尤其是信息技术发展年代的新生代农民工，网络已成为日常工作生活的重要组成

部分，而传统乡村社会尤其是熟人社会对老生代农民工的影响仍然深远。

（二）选择组织表达渠道的差异性

毫无疑问，社会个体加入组织并通过组织表达自己的意见、建议与利益诉求，不仅是现代社会发展的需要，也是提升新老农民工利益博弈能力的需要。那么，新老农民工在组织化表达方面是否存在差异呢？我们在问卷中设计了"您会向您自己加入的组织反映自己的意见、建议与利益要求吗"一题，提供"绝对会""会""不会""绝对不会""不清楚"五个选项，将选项为"不清楚"的样本设置为缺失值。通过交叉表探讨新老农民工在通过组织表达自己意见、建议与利益要求方面的差异性，如表 3-24 所示。

表 3-24　新老归类及您会向您自己加入的组织反映自己的意见、建议与利益要求吗

			您会向您自己加入的组织反映自己的意见、建议与利益要求吗				合计
			绝对会	会	不会	绝对不会	
新老归类	老生代	计数	406	1092	166	2	1666
		新老归类中的 %	24.4%	65.5%	10.0%	0.1%	100.0%
		您会向您自己加入的组织反映自己的意见、建议与利益要求吗中的 %	73.4%	61.8%	57.0%	13.3%	63.4%
		总数的 %	15.5%	41.6%	6.3%	0.1%	63.4%
	新生代	计数	147	676	125	13	961
		新老归类中的 %	15.3%	70.3%	13.0%	1.4%	100.0%
		您会向您自己加入的组织反映自己的意见、建议与利益要求吗中的 %	26.6%	38.2%	43.0%	86.7%	36.6%
		总数的 %	5.6%	25.7%	4.8%	0.5%	36.6%

续表

		您会向您自己加入的组织反映自己的意见、建议与利益要求吗				合计
		绝对会	会	不会	绝对不会	
合计	计数	553	1768	291	15	2627
	新老归类中的 %	21.1%	67.3%	11.1%	0.6%	100.0%
	您会向您自己加入的组织反映自己的意见、建议与利益要求吗中的 %	100.0%	100.0%	100.0%	100.0%	100.0%
	总数的 %	21.1%	67.3%	11.1%	0.6%	100.0%

Pearson 卡方值 = 47.232，df = 3，Sig. = 0.000

表 3-24 的数据显示，是否通过组织表达自己意见、建议与利益要求，在新老农民工间存在统计学意义上的差异性（Pearson 卡方值 = 47.232，$p = 0.000 < 0.05$）。整体上看，表示愿意将自己的诉求通过组织表达的老生代农民工的比例要远高于新生代农民工，选择绝对不会将自己的利益诉求通过组织表达出来的新生代农民工的比例要远高于他们的父辈。

表 3-25 新老农民工组织表达渠道的 Logistic 回归分析

投入的变量名称		B	S.E.	Wals	df	Exp (B)
	新老归类	-.402	0.123	10.727***	1	0.669
	常量	2.590	0.187	192.004	1	13.332
整体模型适配度检验				$X^2 = 10.571$***, df = 1		

注：*$p < 0.1$，**$p < 0.05$，***$p < 0.01$

为了进一步分析验证新老农民工在是否会通过组织表达利益诉求方面的差异性，我们将选项进行降维，把"绝对会""会"降维为"会"，编码为"1"；将"不会""绝对不会"降维为"不会"，并编码为"0";将"不清楚"视为缺失值,编码为"5"。将"您会向您自己加入的组织反映自己的意见、建议与利益要求吗"简化为"是否会通过组织表达",并将其作为因变量,新老农民工分类作为自变量,运用 SPSS 20 的 Logistic 分析方法,进一步探讨新老农民工通过组织表达方面的差异性(见表3-25)。

表3-25 的回归结果显示,新老农民工与通过组织表达方面的回归模型拟合度较好($p = 0.001 < 0.05$),不同"代"的农民工对是否通过组织表达具有显著性影响($p = 0.001 < 0.05$)。同时,数据表明,新生代农民工通过组织表达自己意见、建议与利益诉求发生的概率是老生代农民工的 0.669 倍 [$Exp(B) = 0.669$]。也就是说,在相同的条件下,新生代农民工愿意将自己的利益诉求通过组织表达的发生概率较于他们的父辈下降33.1%。意即老生代农民工更愿意将自己的利益诉求通过组织表达出来,新生代农民工则相反。

(三) 选择人大代表或政协委员表达渠道的差异性

基于中国特殊的政治设计,人大代表或政协委员在表达社会个体的意见与利益诉求方面具有重要的影响力,也是新老农民工表达自己意见与利益诉求的可用渠道之一。那么,新老农民工是否会选择这一渠道?在选择这一渠道时,新老农民工之间是否存在代际差异?我们在问卷中设计了"您会找工作地的人大代表或政协委员反映您的意见、建议与利益要求吗"一题,要求被调查者从"绝对会""会""不会""绝对不会""不清楚"五个选项中选择一个以表达自己的行为态度。为了进一步分析验证新老农民工是否会利用人大代表或政协委员表达自己利益诉求的差异性,我们将选项进行降维,把"绝对会""会"降维为"会",编码为"1";将"不会""绝对不会"降维为"不会",并编码为"0";将"不清楚"视为缺失值,编码为"5"。将"是否会通过人大代表或政协委员表达自己利益诉求"作为因变量,新老农民工分类作为自变量,运用 SPSS 20 的 Logistic 分析方法,进一步探讨新老农民工利用该渠道的差异性(见表3-26)。

表3-26　新老农民工人大或政协委员表达渠道的 Logistic 回归分析

投入的变量名称		B	S. E.	Wals	df	Exp(B)
	新老归类	0.205	0.085	5.795**	1	1.227
	常量	-0.706	0.125	31.918	1	0.494
整体模型适配度检验		\multicolumn{5}{c}{$X^2 = 5.784**$, df = 1}				

注：*$p<0.1$，**$p<0.05$，***$p<0.01$

表3-26 的回归结果显示，新老农民工与是否会通过人大代表或政协委员表达自己利益诉求间的回归模型拟合度较好（$p=0.016<0.05$），不同"代"的农民工对是否会通过人大代表或政协委员表达自己利益诉求这种行为具有显著性影响（$p=0.016<0.05$）。同时，数据表明，新生代农民工通过人大代表或政协委员表达自己利益诉求的行为发生概率是老生代农民工的 1.227 倍 [Exp(B) = 1.227]。换言之，在相同的条件下，新生代农民工愿意利用人大代表或政协委员表达自己意见与利益诉求的概率较于他们的父辈上升 22.7%。新生代农民工比他们的父辈更愿意通过人大代表或政协委员这一利益表达渠道表达自己的利益诉求，也间接地体现了社会主义民主政治发展对于新生代农民工的影响，体现了新生代农民工的政治认知或政治素养以及对中国特色社会主义的政治认同要高于他们的父辈。

（四）选择网络表达渠道的差异性

随着互联网的发展和国家对网络基础设施的改造，互联网已深入社会各个村落，每个人无时不在利用网络，成为"网络人"。基于网络的便利性以及网络对社会个体工作、生活的影响，网络逐渐成为社会个体表达意见与利益诉求的重要渠道。那么，新老农民工是否会运用网络表达自己的意见、建议与利益诉求？他们在利用这一表达渠道间是否存在显著性差异？为了释疑这些问题，我们在问卷中设计了"如果有一个专门的农民工群体的网站，您会通过网站反映您的意见、建议与利益要求吗"一题，要求被调查者从"绝对会""会""不会""绝对不会""不清楚"五个选项中选择一个以

第三章 一致与变迁：新老农民工利益表达的现时性研究

表达自己的行为态度。为了进一步分析验证新老农民工利用网络表达自己利益诉求的差异性，我们将选项进行降维，把"绝对会""会"降维为"会"，编码为"1"；将"不会""绝对不会"降维为"不会"，并编码为"0"；将"不清楚"视为缺失值，编码为"5"。将"网络表达渠道"作为因变量，新老农民工分类作为自变量，运用 SPSS 20 的 Logistic 分析方法，进一步探讨新老农民工利用该渠道表达诉求的差异性（见表3-27）。

表3-27　新老农民工网络表达渠道的 Logistic 回归分析

投入的变量名称	B	S. E.	Wals	df	Exp（B）
新老归类	0.327	0.103	10.109***	1	1.387
常量	0.825	0.147	31.729	1	2.283
整体模型适配度检验			$X^2=10.319***$，df=1		

注：$*p<0.1$，$**p<0.05$，$***p<0.01$

表3-27 的回归结果显示，新老农民工与是否会通过网络表达自己利益诉求间的回归模型拟合度较好（$p=0.001<0.05$），不同"代"的农民工对是否会通过网络表达自己利益诉求这种行为具有显著性影响（$p=0.001<0.05$）。同时，数据表明，新生代农民工通过网络表达自己利益诉求的行为发生概率是老生代农民工的 1.387 倍［Exp（B）=1.387］。换言之，在相同的条件下，新生代农民工愿意利用网络表达自己利益诉求的概率较于他们的父辈会上升 38.7%，意即新生代农民工比他们的父辈更愿意通过网络这一利益表达渠道表达自己的利益诉求，也间接地体现了网络对新生代农民工日常生活与政治实践的影响。新生代农民工对网络的使用与认同，要高于他们的父辈。

三　简短结论

新老农民工最喜欢的利益表达渠道分别为私下交流和通过媒体反映，体现出新老农民工对于利益表达中关系网络资源的利用和对媒体的信任以及媒体的成长与影响。通过网络反映和通过社会团体反映分别位居第三和第四位,也反映出网络在新老农民工日常生活中的价值以及农民工对于网络的使用与操作。私下交流为老生代农民工最喜欢的利益表达渠道,通过网络反映成为新生代农民工最喜欢的利益表达渠道。这表明传统的乡土环境对新老农民工的影响存在巨大差异。生活于科学技术尤其是信息技术发展的年代的新生代农民工,网络已成为其日常工作生活的重要组成部分。传统乡村社会尤其是熟人社会对老生代农民工的影响仍然深远。

整体上看,愿意将自己的意见与利益诉求通过组织表达出来的老生代农民工的比例要远高于新生代农民工,选择绝对不会将自己的意见与利益诉求通过组织表达出来的新生代农民工的比例要远高于他们的父辈。在相同的条件下,有了组织之后,新生代农民工愿意通过组织表达自己意见与利益诉求的发生概率较于他们的父辈会下降66.9%,意即老生代农民工更愿意将自己的意见与利益诉求通过组织表达出来,新生代农民工则相反。

在相同的条件下,新生代农民工愿意将自己的意见与利益诉求通过人大代表或政协委员表达出来的概率较于他们的父辈会上升22.7%,意即新生代农民工更愿意将自己的意见与利益诉求通过人大代表或政协委员这一利益表达渠道表达出来。这也间接地体现了社会主义民主政治发展对于新生代农民工的影响以及在日常政治实践中新生代农民工具有的政治认知或政治素养以及对中国特色社会主义的政治认同要高于他们的父辈。

不同"代"的农民工对是否会通过网络表达自己利益诉求这种行为具有显著性影响。新生代农民工愿意将自己的意见与利益诉求通过网络表达出来的发生概率是老生代农民工的1.387倍,意即新生代农民工更愿意将自己的意见与利益诉求通过网络这一利益表达渠道表达出来,也间接地体现了网络对新生代农民工日常生活和政治实践的影响。新生代农民工对网络的认同与使用技能也要高于他们的父辈。

第五节 一致与变迁：利益表达效能的认知

利益表达效能是"一种个人认为自己的政治行动对政治过程能够产生政治影响力的感觉，是值得个人去实践其公民责任的感觉，是公民感受到政治与社会改变是可能的，并且可以在这种改变中扮演一定角色的感觉"[①]。它是新老农民工对自己在利益表达行为中是否有能力操作自己行为的期望，是实现利益表达行为和目标所需要的能力、信心或信念，也可以说成是新老农民工对自己利益表达行为能否完成的主观判断。它不仅关注于新老农民工利益表达知识的获取，也反映出这种知识转化为实际行为的中介过程。它涉及的是以新老农民工的主观体验为基础而实现的利益表达行为的自我调节过程，体现出新老农民工对权威的认同和对利益表达认知与其利益表达行为的关系，是利益表达行为中较为关键的因素。

一 权威的认同

在社会学领域，认同这一概念主要是指自我与社会的关系问题，它由多层结构所构成，每一种认同都与社会结构密切相关。在这个结构网络中，个体通过认同确立自己在社会结构网络中的节点，也可以称之为社会位置。因此，从这个意义上说，自我是认同的创始者，是认同之父，同时也是认同的朋友与同事。[②]

新生代农民工的权威认同是指他们对权威的认知，并在此认知基础上建立起来的对权威的承认、信任、依恋、忠诚与维护。新老农民工的权威认同往往体现出两个特点。一是新老农民工对权威的依赖性。这种对权威的依赖感在弗洛伊德那里被视为一切权威得以形成的最深层的根源。[③] 在奥克肖特的学说中，他认为信仰和行动依赖对特定权威的认同，有时这种权威认同不能在契约或者任何其他形式的人

[①] Aangus Cambell, Gercald Gurin and Warren E. Miller, *The Voter Decides. Evanston. LL*1: Row, Peterson and Company, 1954, p. 187.

[②] 邓治文:《认同的社会学观》,《长沙理工大学学报》（社会科学版）2007年第1期。

[③] 转引自路杰《转型社会的权威认同》,国家行政学院出版社2015年版,第170页。

民同意中找到。"在认知权威时，公民没有抵押自己的未来，他们的赞同和选择仍旧是自己的，也不会仅仅通过日常联合体的方式表现自由。"① 因此，弗洛姆认为权威的形成、它的性质与结构等不可避免地具有生物学的基础。但是，它们根本上是历史地形成的，从而是一种社会的和文化的现象。② 二是对权威的服从性。新老农民工一旦产生权威认同，也就相应地产生了认同的结果——服从，但是这种服从必须建立在自我对权威的认同基础之上。新老农民工一旦认可权威的存在形式和内容，自己的生存和生活方式将意味着对权威的服从。③

对权威的依赖性和服从性，影响着新老农民工的利益表达行为。一是对利益表达客体所产生出来的依赖。即新老农民工在表达利益诉求时完全相信利益表达客体能很好地处理自己的利益表达诉求，即使没有得到理想的利益诉求结果，也会在权威的依赖下做出可能我的利益诉求超出利益表达客体的能力范围，或我的利益诉求或许有问题等类似的心理认知。当新老农民工通过表达行为实现了利益诉求的满足，会自然地加剧他对这种权威的认同和依赖。这种权威的依赖性也就是对利益表达客体的依赖性，它体现了新老农民工对政府及其工作人员的认同。其基本前提是这种资源调节与分配机构及其工作人员做到了全心全意为人民服务，时刻倾听新老农民工的意见与利益诉求。二是对权威的服从会对新老农民工利益渠道的选择产生重要影响。如果新老农民工对政府权威具有较高认同，那么他们在利益受到损害之后，最有可能在政治系统允许的范围内，通过制度化的、合法化的利益表达渠道表达自己的意见与利益诉求。反过来，如果新老农民工对政治权威的认同较低，则有可能谋求更有效的利益渠道，往往会通过体制外的非制度化（如集群上访、街头政治等）甚至是违法式的利益表达渠道表达意见与利益诉求。因此，这种权威认同所产生的服从性特点往往会涉及社会的稳定和政府的合法性认同。

---

① 转引自赵波《奥克肖特的公民联合体理论研究》，中国传媒大学出版社2011年版，第87页。

② ［美］弗洛姆：《逃避自由》，陈学明译，中国工人出版社1987年版，第378—380页。

③ 任生德：《农村改革中的权威与秩序》，中国方正出版社2009年版，第41页。

第三章 一致与变迁：新老农民工利益表达的现时性研究

权威认同是由各种认同组成的体系，其中政府认同是各种权威认同的重要组成部分，往往是社会个体日常认同的基础。在现行利益表达环境中，新老农民工对政府的认同决定着新老农民工个体利益表达行为的选择，也影响着利益表达行为发生与发展的方向。因此，对政府认同的状况是新老农民工利益表达效能能否达致或提升的重要基础。基于此，我们在问卷中设计了"您认为我国政府在制定政策的时候重不重视人民的意见、建议"一题，以考察新老农民工对当代中国政府的认知。它要求被调查者从"非常重视""重视""不重视""非常不重视""不清楚"五个选项中选择一项进行回答，将选项为"不清楚"的样本设置为缺失值，获得新老农民工对当代中国政府的认知的交叉表，以从整体上探讨新老农民工对政府权威认同的异同性。交叉表见表3-28。

表3-28 新老归类及您认为我国政府在制定政策的时候重不重视人民的意见、建议

			您认为我国政府在制定政策的时候重不重视人民的意见、建议				合计
			非常重视	重视	不重视	非常不重视	
新老归类	老生代	计数	712	672	281	3	1668
		新老归类中的%	42.7%	40.3%	16.8%	0.2%	100.0%
		您认为我国政府在制定政策的时候重不重视人民的意见、建议中的%	76.4%	59.2%	52.4%	9.4%	63.3%
		总数的%	27.0%	25.5%	10.7%	0.1%	63.3%
	新生代	计数	220	464	255	29	968
		新老归类中的%	22.7%	47.9%	26.3%	3.0%	100.0%
		您认为我国政府在制定政策的时候重不重视人民的意见、建议中的%	23.6%	40.8%	47.6%	90.6%	36.7%
		总数的%	8.3%	17.6%	9.7%	1.1%	36.7%

续表

		您认为我国政府在制定政策的时候重不重视人民的意见、建议				合计
		非常重视	重视	不重视	非常不重视	
合计	计数	932	1136	536	32	2636
	新老归类中的 %	35.4%	43.1%	20.3%	1.2%	100.0%
	您认为我国政府在制定政策的时候重不重视人民的意见、建议中的 %	100.0%	100.0%	100.0%	100.0%	100.0%
	总数的 %	35.4%	43.1%	20.3%	1.2%	100.0%

Pearson 卡方值 = 144.498，df = 3，Sig. = 0.000

表 3 - 28 数据统计显示，非常认同政府在制定政策的时候重视人民的意见、建议的老生代农民工占此有效选项的比例为 76.4%，远高于新生代农民工；认同政府在制定政策的时候重视人民的意见、建议的老生代农民工占此有效选项的比例也远远超过新生代农民工。这说明，对政府是不是重视人民的意见、建议的认同度，老生代农民工普遍高于新生代农民工，即老生代农民工对政府的权威认同更高，而且这种结论具有统计学意义（Pearson 卡方值 = 144.498，$p = 0.000 < 0.05$）。

为了进一步分析验证新老农民工对此问题的认知究竟存在什么样的差异性，我们将五个选项进行降维，把"非常重视""重视"降维为"重视"，编码为"1"；将"不重视""非常不重视"降维为"不重视"，并编码为"0"；将"不清楚"视为缺失值，编码为"5"。将"您认为我国政府在制定政策的时候重不重视人民的意见、建议"作为因变量，新老农民工分类作为自变量，运用 SPSS 20 的 Logistic 分析方法，进一步探讨新老农民工对政府权威认同的差异性（见表 3 - 29）。

表3-29　　新老农民工对政府权威认同的 Logistic 回归分析

投入的变量名称		B	S. E.	Wals	df	Exp(B)
	新老归类	-0.705	0.096	53.833***	1	0.494
	常量	2.289	0.148	238.521	1	9.860
整体模型适配度检验			$X^2 = 53.553***$, df = 1			

注：*$p<0.1$，**$p<0.05$，***$p<0.01$

Logistic 回归结果显示，新老农民工与"您认为我国政府在制定政策的时候重不重视人民的意见、建议"这一政府权威认同间的回归模型拟合度非常好（$p=0.000<0.05$），不同"代"的农民工对政府在政策制定过程中是否重视人民意见、建议的政府权威认同具有显著性影响（$p=0.000<0.05$）。同时，数据表明，新生代农民工认为我国政府在制定政策的时候重视人民的意见、建议的发生概率是他们父辈的0.494倍［Exp(B) = 0.494］。换言之，在相同条件下，新生代农民工对政府在政策制定过程中重视人民意见、建议的这种政府权威认同的发生概率较于他们的父辈会下降50.6%。意即老生代农民工更相信政府在政策制定过程中是重视人民的意见、建议的，对政府权威认同较高，但新生代农民工则相反。

二　利益表达的动机

从理论上说，新老农民工为什么进行利益表达，或者说新老农民工反映自己意见、建议利益诉求的原因，大体上由三个层面的因素所构成。

（一）新老农民工利益表达的最根本初始动力源于对自身利益的关切

理性选择学派通过考量社会中的一些集群性行为，发现一些人总是积极地参与政治生活，但社会大多数人却保持消极或冷漠的态度。最后，他们得出结论，社会个体参与政治生活的度取决于其参与的成本与收益的考量。社会个体之所以参与政治生活，是要从参与中得到期望收益，但也需要付出一定的成本，这存在着一个函数关系。运用这种函数关系，可以解释上述所说的参与行为会出现这种差异化的结果。① 新老农民工为什么要表达自己的意见与利益诉求？其根本原因在于追求自己的利益。换言之，新老农民工之所以向特定利益表达客体表达自己的意见与利益诉求，不是源于其对政治或政府相关事务产生兴趣，而是源于这些事务或政府活动与自己的切身利益相关。如果他们认为一些政治事务与自己的利益没有关联或关联不大，或认为其他个体或群体的利益表达行为与自己的利益没有关系或关联不大，新老农民工往往会采取观望的态度。但是，当新老农民工认为这些政治事务或他人或群体的表达行为与自己的利益攸关，他们会采取行动表达自己的意见与利益诉求，维护自己的利益。

（二）新老农民工利益表达行为的发生源于利他主义的动因

孔德在解释社会个体的某种社会行为时运用了利他主义概念。他认为，社会个体的一部分动机是利己的，但另一部分动机是利他的。② 这种利他主义概念对一些学派解释一些政治行为产生重要影响。如缪勒等理性选择学派就认为，如果一些政治行为可以改善政治过程和结果的质量，或通过这种政治行为维护了民主制度，进而改善了他人的福利，这时也可能会导致社会个体积极地参与到政治生活中来。③ 注重集体利益，为集体多做贡献，历来是中国传统文化的重要组成部分。这种利他主义的观念对新老农民工的利益表达行为，也产生重要影响。一些利益表达行为之所以产生，其实质并不源于自身利益受损，而是为了社会更加美好，为了他人利益不受损害，为了国家的发展和进步。

（三）新老农民工利益表达行为的发生源于其公民身份的彰显

在民主政治的发展历程中，共和主义非常看重社会个体的公民身份，认为积极的公民生活是最高的生活方式，政治生活优越于私人生

---

① 转引自陈尧《民主的要义：当代西方参与式民主理论研究》，上海人民出版社2016年版，第196页。
② 同上书，第197页。
③ ［美］丹尼斯·缪勒：《公共选择理论》，杨春学等译，中国社会科学出版社1999年版，第438页。

活并占据社会个体生活的中心位置。① 社会个体不仅因社会属性而存在，也以公民这个法律身份而存在。政治事务不仅体现出社会个体的社会影响，而且也应将社会个体的公民身份彰显出来。对新老农民工来说，其作为公民而存在，在利益表达过程中就展现出公民应有的角色定位。只有将权利与义务统一起来，才能使新老农民工自觉地服务于公共利益，自觉地捍卫共同体的自由，并最终确保共同体的强大和人类自由中的个人自由。②

新老农民工利益表达效能体现的是他们对于利益表达影响力的认知以及自己进行利益表达能力的认知，展示的是新老农民工自我认知的主体性因素。利益表达为何会发生，则体现出新老农民工的主体和客体相统一的过程，展示了社会个体的主体能动性和目的性。与上述理论分析相关联，我们在问卷中设计了"您反映意见和建议的最主要目的是____"，要求被调查者从"维护社会权益""争取社会的认可""提高地位获得尊重""成就事业实现自我""促进社会公平正义""维护本群体利益""维护自己的利益""其他"等多个选项来表达自己的观点。此题为多项选择题，我们利用 SPSS 20 多项选择题分析方法，从整体上探讨新老农民工利益表达动机（见表3-30）。

表3-30　　　　　　　利益表达动机频率

		响应		个案百分比
		N	百分比	
利益表达动机	维护社会权益	1252	14.8%	42.9%
	争取社会的认可	1018	12.0%	34.9%
	提高地位获得尊重	1025	12.1%	35.1%
	成就事业实现自我	656	7.8%	22.5%
	促进社会公平正义	1291	15.3%	44.3%
	维护本群体利益	1485	17.6%	50.9%
	维护自己的利益	1266	15.0%	43.4%
	其他	467	5.5%	16.0%
	总计	8460	100.0%	290.0%

---

① ［加］威尔·金里卡：《当代政治哲学（下）》，刘莘译，上海三联书店2004年版，第533页。

② 应奇、刘训练：《公民共和主义》，东方出版社2006年版，第72页。

从利益表达动机的多项选择题频率表中可以看出，新老农民工要进行利益表达的前三个原因为"维护本群体利益""促进社会公平正义"以及"维护自己的利益"，各占比为 17.6%、15.3% 与 15.0%。除此之外，为了维护社会权益、提高地位获得尊重以及争取社会的认可等，占比也非常大。

表 3-30 所示的数据只是显示了新老农民工利益表达动机的总体性分析。作为新老农民工来说，他们利益表达动机是否和总体数据一致呢？新老农民工之间是否存在差异？为了回答此问题，我们将新老农民工的样本数据进行分割，单独分析新老农民工为什么要表达自己的意见、建议与利益诉求，形成表 3-31 与表 3-32 的数据。

表 3-31　　　　　　　老生代农民工利益表达动机频率

		响应		个案百分比
		N	百分比	
利益表达动机	维护社会权益	802	14.8%	44.0%
	争取社会的认可	551	10.1%	30.3%
	提高地位获得尊重	689	12.7%	37.8%
	成就事业实现自我	337	6.2%	18.5%
	促进社会公平正义	860	15.8%	47.2%
	维护本群体利益	999	18.4%	54.9%
	维护自己的利益	837	15.4%	46.0%
	其他	360	6.6%	19.8%
总计		5435	100.0%	298.5%

从表 3-31 中可以看出，老生代农民工之所以反映自己意见与建议的原因，排列前三位的是"维护本群体利益""促进社会公平正义""维护自己的利益"，分别占比为 18.4%、15.8% 与 15.4%。总体上看，老生代农民工大多是为了利益而反映自己的意见与建议。

表3-32　　　　　　新生代农民工利益表达动机频率

		响应		个案百分比
		N	百分比	
利益表达动机	维护社会权益	449	14.9%	41.0%
	争取社会的认可	465	15.4%	42.5%
	提高地位获得尊重	334	11.1%	30.5%
	成就事业实现自我	319	10.6%	29.2%
	促进社会公平正义	431	14.3%	39.4%
	维护本群体利益	486	16.1%	44.4%
	维护自己的利益	428	14.2%	39.1%
	其他	107	3.5%	9.8%
总计		3019	100.0%	276.0%

表3-32是新生代农民工在回答"您反映意见和建议的最主要目的是____"这一题目的多项选择频率表。从表中数据可以看出，新生代农民工之所以要反映意见与建议的原因，排名前三的主要有"维护本群体利益""争取社会的认可"以及"维护社会权益"，分别占比为16.1%、15.4%、14.9%，与整体上新老农民工利益表达的目的存在一定差异。同时，数据也显示，基于"促进社会公平正义""维护自己的利益""提高地位获得尊重"的动机，也成为新生代农民工反映自己意见与利益诉求的主要动因。

三　增强利益表达效能的行为选择

新老农民工个体或群体以何种方式实现影响政治生活进而将利益诉求表达出来，这是新老农民工增强利益表达效能的行为选择。这种行为选择体现了新老农民工作为理性人而存在的基本要素，但同时又深受新老农民工个体因素的影响。总体上说，新老农民工提升利益表达效能行为选择受制于以下因素。

（一）决策时点

经济学在研究社会个体的行为决策选择时，特别强调社会个体的判断时点问题，也就是说，在什么时候进行决策，会极大地影响社会个体的实际行为。这一决策时点会对新老农民工增强其利益表达效能的行为选择产生重要影响。比如，当新老农民工在情绪不高或非常生气的情况下和情绪非常好的情况下所选择的增强利益效能的行为肯定存在重大的差异。因此，不同的决策时点会影响新老农民工增强利益表达效能的行为选择。

（二）偏好

行为经济学理论普遍认为，偏好影响着社会个体的行为。那么，什么是偏好？通俗地讲，偏好就是某一主体倾向于进行某种类型的行为选择。"关于人的偏好和价值，并不是单纯从社会环境推导而成，更是被社会建构形成的。"① 这个观点深刻地说明偏好所形成的根源在于社会，是被社会建构而形成的。新老农民工在选择以何种方式提升其利益表达效能时，也存在一定的偏好，如媒体表达、个人接触等，都会在不同新老农民工的行为选择中表现出来。有的新生代农民工基于既有的经验认知，从而强化某种实现其利益表达效能的偏好。比如，一些对新媒体非常熟悉、操作熟练的新生代农民工，可能会选择新媒体以影响政治生活。当更多的人具有相同的偏好时，就可能形成集群性行动。因此，个体偏好是一个人的倾向，往往能够呈现出群体性的共同特质。这就意味着一定的行为选择，可能成为一种群体规律意义的认知方法，通过了解单一新老农民工个体在提升利益表达效能的行为偏好，就可以推断出整个新老农民工的群体偏好，以此可以有针对性地做出一些预防性工作。

（三）规则时空

新老农民工增强利益表达效能的行为选择，总是在特定时空下形成的，受制于特定时空规则的影响。哈特的规则内在观点说明，作为识别规则的人和规则要求处于同一时空。受当前时空的制约，一个并不生活在某种规则治理时代的人，很难对那个规则有内在的陈述。② 在具体的利益表达实践中，新老农民工必须遵守相应的规则，还要根

---

① Paul Alovie, "The Construction of Preference", *American Psythology*, No. 50, 1995.

② ［英］哈特：《法律的概念》，张文显等译，中国大百科全书出版社1996年版，第63页。

据社会的发展变化以及因时空变化而导致的规则变迁有较为深入的了解和认知。只有具备了完全的规则时空能力,选择自己的行为,新老农民工才能提升其利益表达效能。

(四) 经验法则

新老农民工在利益表达实践中,不断地总结经验,形成自己特定的经验法则。它反映的是新老农民工的利益表达行为的发展常态,以一定的确定性和合理性作为其客观基础,是新老农民工在利益表达实践中对利益表达系统普遍现象与通常规律的一种较为理性的认识。新老农民工往往依据既存的经验性法则做出相应的利益表达行为选择。新老农民工在增强利益表达效能过程中,依靠已有的经验和他人的经验是选择行为的最便捷方式。例如,老生代农民工根据已有经验或他人经验得出利用关系网络表达诉求是最能有效增强利益表达效能的正向认知后,在下一次的利益表达效能增强行为选择时,他会根据上一次的经验法则主动、优先选择关系网络表达的方式,体现出经验法则的有用性特征。

表3-33 老生代:根据您的实际情况,您最希望如何介入政治

		频率(次)	百分比(%)	有效百分比(%)	累计百分比(%)
有效	直接从政	228	12.5	12.6	12.6
	以专业特长参与决策	185	10.1	10.2	22.8
	加入政治性组织	664	36.4	36.7	59.5
	加强与官员联系	320	17.5	17.7	77.2
	不想介入政治	412	22.6	22.8	100.0
	合计	1809	99.1	100.0	

为了获得新老农民工间关于增强利益表达效能行为选择方面的差异性,我们在问卷中设计了一道题目——"根据您的实际情况,您最希望如何介入政治",希望被调查者从"直接从政""以专业特长参与决策""加入政治性组织""加强与官员联系""不想介入政治"

五个选项中选择一个。为了寻求新老农民工对此问题回答的差异性，我们分别将新老农民工的数据进行分割，形成表 3-33 与表 3-34 所示的数据。

表 3-34　新生代农民工：根据您的实际情况，您最希望如何介入政治

		频率（次）	百分比（％）	有效百分比（％）	累计百分比（％）
有效	直接从政	108	9.8	10.1	10.1
	以专业特长参与决策	252	22.8	23.6	33.7
	加入政治性组织	283	25.6	26.5	60.1
	加强与官员联系	97	8.8	9.1	69.2
	不想介入政治	329	29.8	30.8	100.0
	合计	1069	96.7	100.0	

表 3-33 显示的是老生代农民工在回答"根据您的实际情况，您最希望如何介入政治"这一问题时回答选项的频率。从表格中可以看出，在 1809 份有效样本中，老生代农民工希望提升自己利益表达效能的行为，排名分别为"加入政治性组织""加强与官员联系""直接从政"以及"以专业特长参与决策"，分别占比 36.4%、17.5%、12.5% 和 10.1%。

表 3-34 显示的是新生代农民工在回答"根据您的实际情况，您最希望如何介入政治"这一问题时回答选项的频率。从表格中可以看出，在 1069 份有效样本中，新生代农民工希望提升自己利益表达效能的行为，排名分别为"加入政治性组织""以专业特长参与决策""直接从政"以及"加强与官员联系"，分别占比 25.6%、22.8%、9.8% 和 8.8%。

从表 3-33 与表 3-34 中可以看出，新老农民工一致认为提升自己利益表达效能的行为是加入政治性组织，排名都占据第一位置，说明新老农民工对于当代中国政治发展过程中的政治性组织的认同度较高。同时，也可以发现，老生代农民工通过加强与官员联系以提升自

己利益表达效能的行为选择占比较大，说明传统乡村社会的熟人社会惯习对老生代农民工影响较大。新生代农民工认为以专业特长参与决策是提升利益表达效能的重要行为，说明在社会发展过程中，新生代农民工更加关注自身素养的提升，主动参与政治以提升利益表达效能。而且，新生代农民工提升利益表达效能的行为有多种，体现出其主动性和目的性特点。

第四章 原子化与集群化：新生代农民工非制度化利益表达的形态与危害

从理论上说，通过社会化的政治教育和政治知识培训后的社会个体，能够充分发挥政治积极性，主动地表达意见与利益诉求，参与政治，实现其政治价值。对于国家来说，它不仅仅要认可和肯定社会个体的利益表达权利，而且要通过创设各种利益表达渠道，规范利益表达客体行为，把社会个体的利益表达行为纳入制度化的框架——利益表达行为符合政治组织原则和程序。① 在我国社会转型不断加速，特别是中国特色社会主义进入新时代后，利益群体会进一步分化。包括新生代农民工在内的社会个体，他们的利益表达愿望、积极性和热情被充分调动。但是，"众多的利益要求不可能直接输入到政治系统，政治系统也不能同时受理众多的利益要求"②。这对于一些新生代农民工来说，基于自己占有的特定政治资源，加上政治系统的过滤和选择，他们的一些意见与利益诉求就有可能不能顺利、快速地输入政策系统。这不仅耗费了新生代农民工的时间成本，也可能在一定程度上对其利益表达的积极性产生挫伤。进而，这些受到挫伤的新生代农民工可能会采取体制外的方式，甚至违法的行为，强制性地将自己的利益诉求输入政策体系。③ 再加上我国现行的利益表达的制度结构不健

---

① 郑红：《公民参与问题研究》，沈阳出版社2014年版，第38页。
② 王维国：《公民有序政治参与的途径》，人民出版社2007年版，第91页。
③ 郑红：《公民参与问题研究》，沈阳出版社2014年版，第39页。

全、不均衡，体制内的权益表达、救济机制失效①，导致既存的、广泛的制度化利益表达渠道不能满足新生代农民工的意见与利益诉求。在落后于实践发展需要的制度化利益表达机制条件下，新生代农民工往往寻求体制外途径实现自己意见与利益诉求的表达。在代际转换过程中，对于利益表达结构的认知，新生代农民工与老生代农民工存在较大差异性。同时，新生代农民工作为一个理性人，他在表达利益时不断地在权衡风险与收益问题，并将这种风险与收益置于当前政府差异化的运行逻辑中。在当代中国科层制管理体制下，中央和地方对自己的"底线"存在相异认知。②高层政府对新生代农民工的一些利益表达逾越"底线"的行为往往显得容忍度较高③，而基层政府在考虑其职业安全、政治前途等宏大叙事背景下，往往对新生代农民工的一些利益表达行为容忍度较低④。对于理性的新生代农民工个体来说，在表达利益诉求时，必然会思量自己的利益表达行为是否冲击着政府的"底线"。这个过程中，便产生出多元化的利益表达行为，显示着政治理性人对当代中国政治运作规则的了解和认知。

第一节　新生代农民工非制度化利益表达的原子化形态

　　随着城镇化的加速发展，越来越多的农村富余劳动力走入城市，成为城市社区的重要成员。在代际转换过程中，新生代农民工逐渐取代了他们的父辈，成为外来务工人员的主体。他们的意见、建议与利益要求能否得到表达，不仅关系到其本身的利益获取、维护与增进，也关系到城镇化政策的科学化，并对社会和谐有序产生重要影响。新

---

　　① 付翠莲：《缺席与在场：当代中国妇女的有序政治参与》，社会科学文献出版社2014年版，第212页。

　　② Fayong Shi, Yongshu Cai, "Disaggreating the State: Networks and Collective Resistance in Shanghai", *The China Quarterly*, No. 186, 2006.

　　③ Elizabeth J. Perry, "Challenging the Mandate of Heaver: Popular Protest in Modern China", *Critical Asian Studies*, No. 33, 2001.

　　④ Yanshu Cai, "Power Structure and Regime Resilience: Contentious Politis in China", *British Journal of Political Science*, No. 38, 2008.

生代农民工的融城意愿、薪资要求以及工作生活环境等问题正成为社会关注的焦点，他们也不断地尝试以利益表达的方式影响政府政策，改变自己所处的社会位置，扩大自己的话语权。但是，人口众多、受教育程度较高的新生代农民工在表达自己的利益诉求过程中，因社会关联度较低、社区共同体记忆的弱化、共同体内信任的缺失等系统性抑制因素的存在，使一些新生代农民工的利益表达呈现原子化状态，这是他们的"阿喀琉斯之踵"。原子化利益表达的信息比较零散，感性色彩较浓，政府及其工作人员获取政策信息的成本较高，并可能引发社会的不稳定，并非现代化民主政治建设的应然取向。①

一 弱者的武器

耶鲁大学教授斯科特认为，前期关于农民的研究成果，大多是关于农民反抗或革命的类似的宏大叙事，集中关注于农民的抗议活动，而且更多地关注于大规模、有组织的抗议活动，价值取向上大多是以国家利益为视角，这些研究成果忽略了农民自身的主动性。因此，理解农民日常的反抗形式更具有社会意义。② 于是，他在马来西亚农村做了实地调查，对当地的农业生产、经济、社会、征召等农民日常生活进行了记录、思考和研究，最终得出一个结论：农民的日常反抗行为，比如偷懒、装糊涂、开小差、假装顺从等，反映的都是农民与其他获利阶层不断斗争的方式。农民用这种非正式的、低姿态的反抗形式进行自卫式的权利保护。他将农民的这种反抗的日常行为称为"弱者的武器"。③ 弱者的武器成为新生代农民工日常利益表达的重要形态，因为它没有突破基层政府的"底线"，但对于一些新生代农民工来说，这种方式发泄了自己的不满，也间接地表达了自己的意见、建议与利益要求。

---

① 姚望：《新生代农民工原子化利益表达的生成逻辑、消极影响与治理策略》，《贵州社会科学》2017年第5期。

② 转引自申金霞《自媒体时代的公民新闻》，中国广播电视出版社2013年版，第73页。

③ [美]詹姆斯·C. 斯科特：《弱者的武器》，郑广怀等译，译林出版社2007年版，第2页。

（一）原子化网络责骂式表达

信任是社会资本重要的源泉和架构，对政府信任又是信任系统中的重要一环。"政府是被信任的对象，承载着公众的期望，但是政府并不对具体的某个人负责，个人对政府的期望也不像在人际信任中那样明确，政府和公民之间的信任关系也不局限于具体的某个情境。……一定程度上来讲，个人无从选择政府，没有信任的替代对象。因此，在这种信任关系中，政府是强势的一方，公众是弱势的一方。"① 受制于经济因素、心理因素、政治因素等的影响，这种信任关系不仅有认知的成分，还有情绪的解释。面临选择的情境，不同的新生代农民工会做出相异的选择。马克·E.沃伦强调："在一个能够促进牢固信任关系的社会，很可能是这样一个社会，它能够给予更少的管理和更多的自由，能够应付更多的意外事件，激发公民的活力和创造性，并提供更强的生存安全感和满足感。"②

但是，如果政府不能够营造一个信任的氛围，通过自身努力争取公民的信任，公民就会陷入不信任或者冷漠态度。③ 对于务工地的一些新生代农民工来说，他们往往会认为务工地基层政府不能公平地分配政治资源。并且，长期以来不平等的累积性政治资源④在经济比较发达的地区向少数人聚集的态势更加明显，一些新生代农民工会认为社会发展和财富积累的正向指标在务工地的当地人与外来人相比处于分配扭曲状态。这种"正义无存的社会氛围成为酝酿激烈的负面情绪的土壤，社会各个阶层的不满可能会上升至社会对立甚至仇恨，甚至会引发激烈的反抗与冲突"⑤。

在新生代农民工利益表达的运行中，往往缺少了表达自己意见与利益诉求的机会、机制和平台，更不要说参与务工地基层政府的政策

---

① 周红：《行政伦理学》，南开大学出版社2009年版，第173页。
② [美]马克·E.沃伦：《民主与信任》，吴辉译，华夏出版社2004年版，序言第2页。
③ 周红：《行政伦理学》，南开大学出版社2009年版，第173页。
④ 胡泳：《众声喧哗——网络时代的个人表达与公共讨论》，广西师范大学出版社2008年版，第301页。
⑤ 王君玲：《网络社会的民间表达：样态、思潮及动因》，暨南大学出版社2013年版，第170页。

议题建构和决策讨论了。他们的意见与利益诉求不能顺畅地进入政治系统的结果就是，以另外的一种方式发泄，而最好且最方便的出口就是网络。网络由于其匿名性、多元性、方便性、去中心性、门槛较低等特点，使得一些新生代农民工利用它来表达自己的不满。网络责骂式表达便成为一些新生代农民工的"弱者的武器"。

利文森曾说，在信息革命里预测任何结果都是十分困难的，与像主要由我们无意识的期望控制的进程中投入人类有计划的控制一样，人类在技术上的特殊举措的必要条件通常是因为其他目的而产生的，并依靠其他技术而达到全面运作。① 一些新生代农民工利用网络将自己生活中的需要实现的利益诉求传递给政府，各种无奈的情绪和不同种甚至猛烈的批评集中于网络，反映出新生代农民工"弱者的武器"的行使。这种责骂式也会以另外一种方式展现出来，即调侃甚至是恶搞等非正式形式，如恶搞调侃当地政府不作为等。

原子化网络责骂式表达反映了作为主体的新生代农民工以网民的身份，利用网络工具，围绕自己生活中的利益受损事件的发生、发展和变化，对作为社会的管理者及其特定行为和态度的批评。它是新生代农民工关于自己意见、建议与利益诉求方面的信念、态度、意见和情绪的总体性表现②，反映了一些新生代农民工的社会心态和情绪，也反映出新生代农民工对务工地利益表达客体的自我认知与评价。

（二）原子化身体式表达

身体展现了社会个体自然属性与社会属性的统一。身体式表达可以从三个层面来理解。首先，将身体式表达作为新生代农民工社会实践的重要组成部分，这是自然属性在新生代农民工身体上的一种拓展。也就是说，不仅仅限于肉体的物质层面，作为社会实践的身体式表达还扩展到社会性身体的领域，体现了特定的历史时期对身体的社会期待，以及这种期待在新生代农民工中的反映。其次，新生代农民工身体式表达体现了具有社会意义的象征系统。也可以说，身体式表

---

① ［美］保罗·利文森：《软边缘：信息革命的历史与未来》，熊澄宇译，清华大学出版社 2002 年版，第 103 页。

② 戚建则：《群体性事件治理中的公众有序参与的行政法制度的研究》，华中科技大学出版社 2014 年版，第 99 页。

第四章　原子化与集群化：新生代农民工非制度化利益表达的形态与危害

达"是对个体和集体身体的规划、监管和控制，它存在于生殖和性领域、工作和休闲方面，以及疾病和其他的人类反常状态中"①。从这个意义上说，通过服饰表达特定的文化的、社会的、政治的符号意义，是新生代农民工身体的重要象征与社会意义。最后，新生代农民工身体式表达是指新生代农民工将身体作为管控和对抗的工具。在这种情况下，新生代农民工的生物性身体已经退去，展示出的是将身体作为服从或摆脱政治控制的机制以及个体对社会的反应机制，体现了社会个体作为理性人存在的内在逻辑。它是"由制度、程序、分析、反思、计算和策略所构成的总体，使得这种特殊而复杂的权力形式得以实施，这种权力的目标是人口，其主要知识形式是政治经济学，其根本的技术工具是安全配置"②。

离开了熟悉的乡村社会土壤后，外出务工的新生代农民工的"群体意识和群体行动能力被城市生活所彻底割裂，变成一个个大小不一的碎片，散落在'都市森林'的角落中。在许多地方，分布于农民工群体中的同乡、亲友交际圈，更多发挥的是'抱团取暖'的互助功能，这种松散的联合很难能够成为一个利益表达平台"③。在缺少利益表达平台的情境下，一些新生代农民工表达自己的利益诉求能支配的只有自己的身体。而且，这种支配是随心所欲的，不受任何约束。

在广东，一位姓李的农民工曾攀过一次大桥架，以身体来表达自己的利益诉求——讨要工资，但因此而被警方治安拘留。李回到自己的工作单位后，工作单位告诉他，他因无故违反单位规定，将其开除，而且扣除了600元的工资。姓李的农民工在数次讨要工资无果的情况下，再次爬到广州海印大桥桥顶，以跳桥自杀相威胁，表达自己的意见、建议与利益诉求。④ 2011年11月22日，在深圳东园路，河

---

① Lock, "Cultivating the Body: Anthropology and Epistemologies of Bodily Practice and Knowledge", *Annual Reviere of Anthropology*, No. 22, 1993.
② [法] 米歇尔·福柯：《安全、领土与人口》，钱翰等译，上海人民出版社2010年版，第91页。
③ 付伟：《三农中国说》，光明日报出版社2015年版，第176页。
④ 孙月沐：《我眼里的百姓民生》，时代文艺出版社2012年版，第186页。

南籍农民工韩文德为了21万元工钱，只穿一条内裤走在街上，运用自己的身体表达自己的意见、建议与利益诉求。①

原子化的身体式表达，表明一些新生代农民工还没有完全适应社会主义民主政治发展的需要，同时也反映出相关利益表达渠道对于新生代农民工来说还是缺失的。当一些新生代农民工以身体作为表达诉求的工具时，其实，在市场经济和法制社会的浪潮中，他只能以这种方式表现出自己还是现代社会的泳者。这种"创意性"地运用身体的利益表达之路仍然会以自杀、跳楼等各种形式继续存在和表现出来。原子化的身体式表达是一种游离于制度化渠道之外，带有原子化的非理性表达方式，可能会满足自己特定的意见、建议与利益诉求，但当舆论热消退，更多权益受损者无助的目光仍然会被湮没在等待中。当利益受到损害时，原子化的身体式表达会再一次出现，循环不变。

二 隐藏的文本

新生代农民工除了运用"弱者的武器"进行原子化表达之外，也常常运用隐藏的文本来反映自己的意见、建议与利益诉求。在务工地，地方基层政府及其工作人员由于角色扮演和工作需要，也常常需要表达自己的意见、建议与利益诉求，形成官方话语体系。按照斯科特的观点，这种话语体系也是一种官方记录，被基层政府持续、重复地使用，以此维持一种稳固、有力的形象和对权力认同的合法性地位。② 但是，官方的话语体系在一些新生代农民工那里却成为"皇帝的新装"。"首先，'公开的文本'并不表现从属者真正的观念，它可能只是一种策略。其次，在一定程度上，支配者会意识到'公开的文本'只是一种表演，其可靠性会大打折扣。最后，'公开的文本'的真正意义是成问题的。它表明在权力关系中，关键的角色是由伪装和

---

① 付伟：《三农中国说》，光明日报出版社2015年版，第175页。
② 转引自樊崇义、张中《弱势群体的法律救助：法律援助服务及其质量问题的研究》，中国人民公安大学出版社2008年版，第167页。

监视扮演的。"① 基于对虚假、伪装的公开的文本的认知，一些新生代农民工在反映自己的意见、建议与利益诉求时往往会创设"隐藏的文本"，即属于自己的话语体系，反映自己行为特征的文本。"它存在于统治者的权力范围之外，避开了统治者的监视，他们可以抱怨，也可以发泄，甚至进行密谋。"② 这种隐藏的文本使一些新生代农民工找到真实情感与情绪发泄的出口，形成反映自己意见、建议与利益诉求的独特的话语形式。它是"序台的言说、姿态和实践所构成的确定，抵触或改变了'公开的文本'所表现的内容"③。它为新生代农民工提供了喘息的余地，为基层政府及其工作人员的行为产生的压抑和痛苦开创了渠道，体现了底层政治的特色。④ 这种以隐藏的文本进行利益表达的行为往往是零碎的、日常的、随机应变的，是一些新生代农民工原子化利益表达的重要组成部分。

（一）原子化个人泄愤式表达

斯梅尔塞在"加值理论"中提出一个"结构性怨愤"概念，用以说明社会结构的不平衡引发的社会心理的深度反映。⑤ 当然，我们也应看到，没有张力的社会只可能是一个不存在的理想的乌托邦。社会张力的存在是任何一个社会形态都存在的客观现象，只不过在社会转型加速、变革成为常态的环境下，社会张力更加明显而已。改革开放使中国社会发生重大变化，这一社会变革是历史性的、深层次的，必然导致社会结构的变化，从而让"结构紧张"问题更为突出。这个时候往往会出现因社会结构的变化而产生的社会怨愤集中频繁爆发。一些新生代农民工也会将自己的意见、建议与利益诉求以原子化泄愤的方式表达出来。

首先，新生代农民工因被他者所排斥而产生原子化个人泄愤式表

---

① 郭于华：《"弱者的武器"与"隐藏的文本"：研究农民反抗的底层视角》，《读书》2002年第7期。

② 樊崇义、张中：《弱势群体的法律救助：法律援助服务及其质量问题的研究》，中国人民公安大学出版社2008年版，第167页。

③ 郭于华：《"弱者的武器"与"隐藏的文本"：研究农民反抗的底层视角》，《读书》2002年第7期。

④ 谢静：《组织传播学》，复旦大学出版社2014年版，第236页。

⑤ 转引自张涛莆《大时代的旁白》，复旦大学出版社2013年版，第43页。

达。随着大批新生代农民工的出现，媒介形象也存在污名化操作的现象，以一些新生代农民工为主角的社会形象往往以"无理取闹""愚昧"等词汇表达其形象，①被社会居民尤其是城市居民所排斥。一些新生代农民工正常反映的意见与利益诉求，却被其他人认为不可行或者是取闹行为，必然会以泄愤的方式将自己的意见与利益诉求表达出来。"一个心理群体表现出来的最惊人的特点如下：构成这个群体的个人不管是谁，他们的生活方式、职业、性格或智力不管相同还是不同，他们变成了一个群体这个事实，便使得他们获得了一种集体心理，这使他们的感情、思想和行为变得与他们单独一人时颇为不同。"②

其次，新生代农民工因被当地政府所排斥而产生原子化个人泄愤式表达。在务工地，一些基层政府及其行政工作人员有时会对新生代农民工正常的利益表达行为不作为或乱作为，不仅损害了政府和法律的威望与公信力，也使一些新生代农民工的意见与利益诉求难以表达出来。因此，就会导致新生代农民工对社会结构或状态不满，并且认为表达意见、建议与利益诉求的合法途径被堵死，进而以原子化泄愤方式表达自己的所思所想。③霍里认为，困苦并不会自动产生不满，不满的程度也不必然与困苦的程度成正比。不满情绪最高涨的时候，很可能是困苦程度勉强可忍受的时候，是生活条件已经改善，以至一种理想状态伸手可及的时候。④这种不满必然会以个体的方式发泄出来，产生泄愤式利益表达行为。

最后，新生代农民工因被社会所排斥而产生原子化个人泄愤式表达。一些新生代农民工从熟人社会进入城市社区的陌生人社会，交往的贫乏往往使他们时刻处于无聊的心理状态。大多数的心理学家认为，无聊是个体面对贫乏的外部刺激和内部刺激时，因无法满足其需

---

① 孙宇凡：《迈向三维正义的农民工社会管理体制》，《内蒙古农业大学学报》（社会科学版）2012年第5期。
② 吴江霖：《社会心理学》，广东高等教育出版社2004年版，第212页。
③ 唐芳贵：《网络群体性事件的心理学研究》，中南大学出版社2014年版，第114页。
④ 转引自李宁《群体心理学》，暨南大学出版社2000年版，第49页。

要，进而产生的冷漠、孤独、抑郁、无助等不愉快的复合情绪状态。①一些新生代农民工在个体无聊情况下，往往需要各种行为来宣泄这种情绪体验。一旦遇上他人或自己的意见、建议与利益诉求在反映时所出现的因权力不对等造成的他们认为所谓的不公正现象或行为时，一些新生代农民工往往会以个体性的行为在网络或现实社会空间中将这种认知发泄出来，形成泄愤式利益表达。

孔凡义通过对广州增城事件的实地研究，得出一个基本结论：一些新生代农民工与务工地的居民间确实存在着二元结构，并且这种二元结构会使新生代农民工以泄愤的方式表达自己的利益诉求。对于进城务工的四川人来说，他们的话语是这样的："潮州人总是自认为自己了不起，在我们面前趾高气扬，自以为天王老子。"并且认为增城事件发生的原因是当地官员偏袒当地的社会居民，导致四川务工人员用合理手段已无法解决矛盾，进而以个人泄愤的方式表达自己的利益诉求。而新生代农民工务工地的居民却认为，"有种别来我们这里打工，回家淘粪去啊。打个工拽得跟什么一样，你以为你有能耐啊，有能耐就不用出来打工了"②。这较为典型地解释了原子化个人泄愤式利益表达发生的内在逻辑。

（二）原子化个体违法式表达

在城市化过程中，或在社会急剧变革的年代，一些新生代农民工的社会态度有所降低，他们的社会公平感、生活幸福感等严重被削弱，直接影响了他们的社会安全感。③他们往往在为城市发展做出巨大贡献的同时，其个体权利常被忽略。被城市人称为"二等居民"的他们，不能得到较好的社会保障。即使一些城区提高了新生代农民工的社会政治地位，但这些又往往会招致那些具有特定优越感城市居民心中的不满，产生了对新生代农民工利益表达的抗拒心理。这种心

---

① 唐芳贵：《网络群体性事件的心理学研究》，中南大学出版社2014年版，第115—116页。

② 孔凡义：《中国失业农民工政治参与及其治理研究》，湖北人民出版社2014年版，第44—46页。

③ 李培林、李炜：《近年来农民工的经济状态和态度》，《中国社会科学》2010年第1期。

理抗拒又被称为"心理断脐"①，并因此诱发一些新生代农民工的原子化个体违法式表达。

格尔在《人们为什么要造反》一书中指出，每个人都有一种价值期望，社会则有一种价值能力，当社会变迁导致社会的价值能力小于个人的价值期望时，人们就会产生相对剥夺感。相对剥夺感越大，人们造反的可能性就越大，破坏性也越大。② 一些在情感和政策上处于不公平位置的新生代农民工逐渐产生相对剥夺感。一旦这种相对剥夺感在新生代农民工特定的意见与利益诉求不能得到维护、实现与增进时，他们往往会采取违法这种非理性的方式来进行。

原子化个体违法式表达是利益表达中过激行为的一种。当然，我们也应看到，随着法律知识的普及，知道这种行为所应承担后果的大多数新生代农民工在选择违法式表达时总是会进行成本与收益的权衡。在走投无路的情况下，原子化个体违法式表达往往成为一些新生代农民工的最后选项，是不得不进行的"隐藏的文本"。

三 个人式吁请

在《选择：国企变革与工人生存行动》一书中，刘爱玉博士认为："吁请，即以抵制、消极不合作、松弛或以抱怨、向管理者、管理者的上级表达不满与要求。从吁请主体看，可以区分为个人吁请与集体行动。个人吁请有两种表现形式：一种是采取社会抵制、程序抵制、机器抵制等行动来表达不满，在行动上表现为消极不合作、缺工、效率低下等，这种行动的集合体大体相当于李静君所称为的集体无行动。另一种是采取个人抱怨、向管理者、管理者的上级表达不满与利益诉求，可把它称为个人倾诉。"③ 在利益表达系统中，个人吁请表达是指一些新生代农民工个体在市场排斥性资源使其不能适应市场提供的机会的情况下，依赖特定的权利救济渠道和家庭或家族的支

---

① 卢国显：《差异性态度与交往期望农民工与市民社会距离的变化趋势——以北京市为例》，《浙江学刊》2007年第6期。
② 转引自张涛甫《大时代的旁白》，复旦大学出版社2013年版，第43页。
③ 刘爱玉：《选择：国企变革与工人生存行动》，社会科学文献出版社2005年版，第104页。

持表达自己的意见、建议与利益诉求的行为。在当代中国政治语境下，这种个人吁请主要通过两种方式来完成，一是一些新生代农民工非常熟悉中国基层官员晋升规则，利用权利救济制度——上访来表达自己的利益诉求。二是基于中国熟人社会的存在，一些新生代农民工利用血缘、学缘、业缘等关系网络表达自己的利益诉求，以个体式吁请方式达致对自己利益的维护、实现与增进。

（一）原子化越级上访式表达

越级上访与集体信访具有不同的语义内涵。集体信访一般是指向本地党政部门等信访机关进行信访的一种行为，只是在人数上超出《信访条例》规定。越级上访是指上访人未向本地党政部门、本单位组织提出申诉，而是直接到其上级机关提出申诉的行为。在中国，村（居）民委员会或职工代表大会作为社会个体的自治组织，不具有行政性的属性。因此，从转型期中国的政治语境来看，信访一般都是由党政机关所提供的一个利益表达渠道，行政性组织提供的信访在整个信访体系中具有举足轻重的地位。在此意义上，从转型期新生代农民工的政治运行中来考察越级上访，一般是指一些新生代农民工由于种种原因，越过务工地基层政府（乡镇政府）等基层信访机关，直接到上级机关进行上访的一种行为。越级可以直接越到县、市，也可以直接越到省，甚至直接到京上访。

一些新生代农民工的越级上访行为给务工地政治系统的良性运作造成严重影响，使上级有关信访机关不得不重新配置资源以面对越来越多的上访的新生代农民工。这不仅影响其工作效率的提升，也影响到新生代农民工利益要求的聚合与反馈。同时，由于越级上访不仅具有较大的示范效应，也具有较大的波及效应。因此，一些新生代农民工个体的越级上访可能引起更多新生代农民工的同情与支持，可能会形成集体性的越级上访，影响着整个新生代农民工务工地的政治稳定与社会和谐。

（二）原子化关系网络表达

关系网络是人类行为主体之间互信互惠、合作成长的产物，是社会资本的重要组成部分。从某种意义上说，"社会资本即是社会关系，它能促进经济或非经济产品的生产。社会资本不是根植于个人，而是根植于个人之间的关系,它包括一个群体之间的相互帮助、信任、规则以及认同等"①。社会资本不仅形塑着群体的行为模式,也影响着个体的行为与收益。"社会资本将决定着谁能获得成功,谁会失败,在严格的市场法则面前,为什么是他们而不是其他人能获得成功,他们怎样获得成功及他们所采取的战略。"② 在个体的利益表达实践中,个体所具有的社会资本将决定谁能在利益表达中获得成功,谁不能获得成功,在同样的利益表达权利与环境下,为什么是他们而不是其他人提升了利益表达效能,他们怎样通过社会资本获得成功,所采取的战略是什么。受关系网络资本影响或处于关系网络之中的个体,不仅能利用关系进行特定资本或收益的生产与流动,而且也能通过关系网络再复制另外一种关系网络,从而获取更多的资本或收益。因此,关系网络本身具有一种巨大的潜在社会能量。

在社会实践中,关系网络在一些新生代农民工的日常生活、行为交往中扮演着极为重要的角色。长期形成的对关系网络这种社会资本认知的惯习,使关系网络表达成为一些新生代农民工利益表达过程中选择的工具。关系网络表达是指一些新生代农民工个体在利益表达中通过关系网络,利用人际交往进行利益表达。它包括两个层面的内涵,一是初级关系网络表达,即一些新生代农民工在利益受到损害时,或需要维护与增进自己利益,表达特定利益要求时,一般不会主动地面对某一利益表达客体。也就是说,一些新生代农民工需要进行利益表达时,思考的不是选择哪条制度化的渠道,或以合法的方式表达自己的利益要求,而是理性考量有哪些亲属或具有血缘关系的人对于自己利益的实现有没有帮助及帮助大小,希望通过亲属等初级关系网络影响特定利益表达客体,维护、实现和增进自己的利益。二是次级关系网络表达。当一些新生代农民工在初级关系网络表达失败或没有可以有效利用的初级关系网络进行利益诉求时,便会想到运用次级关系网络进行表达。他们主要思考在什么地方有什么样的老乡、同

---

① Pamela Paxton, "Social Capital and Democracy: An Interdependent Relationship", *American Sociological Review*, No. 2, 2002.

② George Kolankiewicz, "Social Capital and Social Change", *The British Journal of Sociology*, No. 3, 1996.

学、师生或战友，通过他们表达自己的利益要求，维护、实现和增进自己的利益。

第二节 新生代农民工非制度化利益表达的集群化形态

新生代农民工原子化个体式的利益表达往往影响力较小，涉及的大多是自身或家庭的意见与利益诉求。由于原子化个体式利益表达效能的低下，一些意见与利益诉求进入政策系统过程则不太可能，达不到利益的实现、维护与增进。新生代农民工作为理性的社会个体，在利益表达的实践中也在不断总结经验，适时调整并重新选择利益表达行为，集群化利益表达则体现出一些新生代农民工主动选择的结果。因具有一套规则，有一系列约束性的制度文本，组织化利益表达可以很好地规范利益表达主体的表达行为，因而成为现代民主政治发展的必需。但集群化则不同，它是指那些因对某些利益诉求产生共鸣的利益表达主体临时性地结合在一起，向利益表达客体表达诉求。集群化利益表达大都缺少约束性的制度文本，一般是达到了目标之后就立即自动解散，因此具有不可预测性、不确定性、无领袖等特点，对政治系统产生的破坏作用往往大于原子化的个体式利益表达。

一 新生代农民工集群化利益表达发生的原因

新生代农民工集群化利益表达行为的发生，大体上存在以下几个原因。

（一）制度的影响

制度在促进集群化合作方面起到重要作用。博弈论中的无名式原理（Folk Theory）指出，在相同个人之间的重复交流可以增加持续合作均衡的可能性，特别是在有足够严厉和可信的惩罚的时候。[①] 在现实社会中，一些新生代农民工集群化利益表达事件的发生就表明，在

[①] 转引自彭长生《后农业税时代村级公共品供给机制研究》，中国科学技术大学出版社 2016 年版，第 13 页。

集群化利益表达行为成功的背后，一定存在一些制度性影响因素。

一些新生代农民工集群化利益表达行为背后的制度特征主要有：务工地一些基层政府对新生代农民工利益表达持负面认知；新生代农民工之间具有相似的共同利益诉求；新生代农民工参与的成本较低而收益往往较大，参与集体行动的人尤其是发起者往往承担着更多的责任和惩罚；参与者往往会寻找一个适应外界变化而讨论规则变动或解决冲突方式的公共空间，以供大家集体商量讨论。从现实的制度运行来看，新生代农民工的原子化的利益表达常被视为影响社会稳定的不安全因素。虽然一些新生代农民工为了维护自己的利益而正常地行使着自己的利益表达权利，但利益表达的另一端却被忽视甚至排斥，从而使利益表达必需的双重动力缺失一个顶端。实际上，新生代农民工的原子化利益表达越较容易进入政策过程，基层的政治生活越正常，社会的和谐稳定越有保障。相反，如果新生代农民工的利益不能被重视，甚至难以进入政策过程，集群化的利益表达行为就可能会产生。

（二）资源禀赋的影响

社会个体自身资源禀赋状况将会对集群化利益表达行动产生重要影响。班迪耶拉等（Bandliera、Barankay&Rasul）通过研究发现，影响集群化行动发生，在资源禀赋上主要有三个特征性因素：社会或种族的差异性；收入和财产不平等；社区规模。[①] 将这三个特征性因素移植到一些新生代农民工的群体性利益表达行为中来就可以演绎为：新生代农民工个体利益表达能力的差异性；新生代农民工相似的工作经历；新生代农民工人数规模。因此，如果从新生代农民工自身禀赋来看，他们采取集群化方式表达自己意见与利益诉求的行为就较易理解了。从理论上来说，新生代农民工的利益表达效能与他们的利益表达能力是成正比的。在现实生活中，我们也看到，虽然新生代农民工的学历较他们父辈高了一点。但是，从整体上说，现代民主社会应具有的利益表达素养在新生代农民工身上表现的还是较低的水平状态，他们的利益表达能力也不太高。现实利益表达能力的低下，必然会使

---

① 转引自彭长生《后农业税时代村级公共品供给机制研究》，中国科学技术大学出版社 2016 年版，第 15 页。

一些新生代农民工集群起来，以集群化利益表达的方式实现原子化、个体式、低水平、效能低的利益表达不能达到的目标。同时，从现实生活来看，新生代农民工未能有自己的合法性且能充分代表自己利益的表达组织。因此，在缺少利益表达组织的境域下，一旦有了利益表达的动机之后，一些分散的新生代农民工个体在无组织的引导下，必然会自发地集聚起来。因此，新生代农民工利益表达的社会内生组织的弱化，使新生代农民工个体在与务工地基层政府的博弈中，效果注定是不合人意的。

（三）成本与收益的影响

作为理性的选择者，当新生代农民工面临是否参与集群化利益表达的选择时，追求自身效用最大化的动机，将驱使他按最低的相互依赖成本进行成本与收益的选择。"从理论上说，如果参数是正的，基于自利假设，作为一个纳什均衡的帕累托最优解是可以完成。"① 因此，新生代农民工是否参与集群化行动，是理性分析和选择的结果，这一理性体现在参加集群化利益表达的投入成本和集群化利益表达给自己带来的效益比较中。在《同意的计算》一书中，布坎南与塔洛克指出："当集体选择结果与参与者个体的实际偏好一致时，该个体承担的外在成本为零。而当两者不一致时，由于个体必须接受与自身偏好不相符的集体选择结构，其所承担的外在成本是大于零的正数，并且随着这种不一致程度的增加，外在成本也随之增大。"② 这种外在成本置于新生代农民工的利益表达行动中则演绎为：如果务工地基层政府及其科层制体系工作人员在"大闹大解决，小闹小解决，不闹不解决"的处置认知下，一些新生代农民工通过参与集群化利益表达行为，实现了自己的意见与利益诉求的有效表达。此时，一些新生代农民工的个体偏好与集群性行动一致，获得了自己利益的实现、维护与增进。但是，一些新生代农民工同时也认识到，如果务工地基层政府将集群化利益表达行为视为影响政治社会稳定的重要因素而加以打压的话，这种集群化利益表

---

① 转引自彭长生《后农业税时代村级公共品供给机制研究》，中国科学技术大学出版社2016年版，第15页。

② 转引自周飞跃《制度经济学》，机械工业出版社2016年版，第149页。

达行为带来的成本将会超出自己原有的心理标准。一些新生代农民工个体收益将为零甚至为负值，体现出不一致的现象。

二 新生代农民工集群化利益表达的主要表现

相互包容性是新生代农民工在追求利益时表现出来的主要特点之一。新生代农民工有相同的工作经历，相似的利益诉求，他们在向特定利益表达客体表达这些意见和利益诉求时是相容的。这时，存在于新生代农民工之间的利益博弈体现的是一种正和博弈状态，这也是集群化利益表达行为得以发生的原因。同时，科斯通过考察集体行动时得出一个基本结论：社会个体会为了实现他们的共同利益因而采取集体行动。① 新生代农民工集体性行动除了一些温和的行动之外，还包括一些较激进的集体行动。

（一）集群性上访

1995年出台的《信访条例》第12条规定："多人反映共同意见、建议和要求的，一般应当采用书信、电话等形式提出；需要采用走访形式的，应当推选代表，代表人数不得超过5人。"通过这一规定，我们可以看到，国家是鼓励通过非直接见面的方式表达自己的诉求的，如果采取的是直接见面方式表达诉求的，必须推举代表，并且有人数控制的规定。所谓集体上访，就是群众通过集体（一般5人以上）走访的形式，为了特定的利益诉求向信访机关进行上访的活动。它是社会个体表达利益诉求的一种方式，但却突破了法律的许可和程序的规定。

随着新生代农民工教育水平的提升，其自主性得以增强，权利意识不断彰显，再加上务工地基层政府公共资源的权力性分配可能会偏向于当地居民，一些新生代农民工的利益表达可能无法被满足，或因为正常而又合法的利益诉求受到拖延或忽略等情形的存在，使得一些新生代农民工在利益表达过程中失去耐心。同时，新生代农民工非常熟知基层政府及其工作人员的晋升规则，凭借经验，心中已认定集群性行为往往是基层行政人员的地雷。通过设置地雷方式，一些新生代

---

① 转引自周飞跃《制度经济学》，机械工业出版社2016年版，第151页。

第四章　原子化与集群化：新生代农民工非制度化利益表达的形态与危害

农民工运用集群性上访以对当地的社会稳定和社会秩序设置人为的陷阱。这种陷阱又是基层政府不得不应对的"政治问题"，从而不得不去面对，甚至解决新生代农民工的利益表达。这正是集群性上访发生的内在机制。

正如孟德拉斯所言，"这些无条理的举止表面看来是自相矛盾的，但在表象后面，却经常表现为一种有其固有逻辑的步骤，这种步骤是对处境作出的反应，虽然有时显得笨拙，但常常很适合环境，真正没有条理的和错综复杂的是处理本身"[1]。因此，集群性上访之所以成为新生代农民工表达利益诉求的一种"笨拙"的方式有其特定的生发原因。一是新生代农民工的利益受损。任何一次集群性利益表达，毫无疑问，利益受到损害始终是一些新生代农民工选择此种行为的终极原因。新生代农民工在务工地生活、工作，不可能其利益不被损害，在利益受损害后，其利益诉求能否被重视，是其选择集群性上访的内在原因。如果利益诉求不被重视、解决，基于相似利益诉求的新生代农民工会自发地集群起来。二是意见领袖的动员。虽然有共同的或相似的利益诉求，但往往未必就会形成集群性上访行为。他们父辈的马铃薯式的个体行动特点也深深地烙印在新生代农民工的脑海中，再加上成本与收益的考量，往往会存在搭便车心态。因此，意见领袖的动员使这些分散的个体结合起来，使得他们认识到，这种利益诉求是可以实现的，实现的最好方式便是集群性上访这种施压性利益表达。当然，我们也应看到，意见领袖也是有其个人利益的，否则作为经济理性人来说，他也不会去动员其他具有相同利益的人。三是群体一致性的认同。当一些新生代农民工的"日常生活世界突然出现缺失的时候，如果这种缺失是由自然力引起的，他们或许只能埋怨自己的运气，而如果这种缺失是由于人力引起的，他们常常就会要求补偿以求复原，恢复自己与外在世界的关系"[2]。新生代农民工在务工地和当地人相比，他们一致性认为自己是处于弱势的，得不到与当地居

---

[1]　转引自郭海霞《社会变迁中的农民合作与村庄发展》，中国社会出版社2010年版，第142页。

[2]　郭海霞：《社会变迁中的农民合作与村庄发展》，中国社会出版社2010年版，第140页。

民相同的利益维护、实现与增进，进而将这种认同固化，并影响到集群性利益表达行为的发生。四是基层政府权力运行逻辑的透明。基层政府及其工作人员的政绩考核除了有经济发展的指标需要新生代农民工做出努力之外，其稳定的指标也需要新生代农民工参与。新生代农民工自己也知道，他们也可能是基层政府及其工作人员政治晋升的重要影响因素。因此，一些新生代农民工得出的权力运行逻辑是：合法的信访往往不会被重视，只有非制度化的上访才能得到回应。① 因为非制度化的上访触及基层政府及其工作人员的底线，深刻地影响其政治晋升和考核结果。

  由于集群上访的人数多，规模大，且反映的问题涉及面广，有些问题也比较复杂，尤其是涉及新生代农民工日常生活与工作生产的实践问题更为复杂。而且，集群性上访行为一般都存在特定的动员人员，一些参与主体往往脱离生产工作岗位，产生极强的动员行为，容易越轨闹事。因此，"一方面，国家高层把越级上访视为人民民主的一种实现形式，视为他们与人民群众直接沟通的主要渠道，能有效地通过'官僚主义'这个障碍物，接受群众的信任；另一方面，如果有过多的越级上访发生，不仅高层不堪重负，而且首都和省城的治安秩序还受到了威胁，所以，有时又会要求整顿信访工作秩序。以经济建设为中心的新时期开始后，出于对安定秩序的焦虑，政府对越级上访越来越偏向于要有效地加以控制。但严格的'逐级上访'办法始终没有在全国正式推展"②。因此，集群性上访的实质是凭借人多力量大、影响大、冲击大的激烈方式向基层政府施加压力，迫使基层政府满足自己的意见、建议与利益诉求。基层政府对待集群性上访也表现出两难困境，如果满足了一些新生代农民工的利益诉求，则会形成"大闹大解决"的群众心理认同，进而会催生下一次集群性上访行为。如果不满足其利益诉求，则易激化矛盾，对社会和谐产生消极影响。就整个社会效果来说，采取集群性上访的方式是不可取的，其消极层面和改革所需要的安定团结的

---

① 李宏勃：《法制现代化进程中的人民信访》，清华大学出版社 2007 年版，第 24 页。
② 应星：《大河移民上访的故事》，生活·读书·新知三联书店 2001 年版，第 395 页。

社会环境是不相容的。

（二）集群性泄愤

一些新生代农民工的集群性泄愤大致上会由三部曲完成，即生怨—积怨—泄怨，并深刻地影响着务工地的政治生态与社会秩序，甚至会影响到其他阶层的利益实现与获取。

生怨是一些新生代农民工集群性泄愤的最初形式，它为一些新生代农民工的集群性泄愤行为提供了前提。新生代农民工所处的务工地大都是经济发展较好的地方，一些务工地基层政府基于经济发展的考量，可能会片面关注 GDP 的增长而忽视新生代农民工的基本权益，并引发一些新生代农民工的集群性怨气。同时，在务工地，新生代农民工往往与当地居民形成二元社会结构，一些当地居民对新生代农民工往往以污名化的认同来看待，希望他们能保守秩序。同时，一些新生代农民工因陌生人社会环境下的运行逻辑，也不能深度融入当地居民的日常习惯。再加上务工地的基层政府在制定各种社会政策时，考虑当地居民的时候较多，往往会忽视新生代农民工的权益，导致新生代农民工在工资待遇、社会福利、居住条件以及文化娱乐等方面处于不平等地位，严重挫伤新生代农民工的利益，由此引发了一些新生代农民工的强烈不满。

一些新生代农民工的不满情绪经过不断叠加和放大，就在他们心中产生了积怨。积怨构成新生代农民工集群性泄愤的重要心理基础，是影响新生代农民工非制度化利益表达行为的重要心理诱因。当然，我们也应看到，一些新生代农民工心中强烈不满是他们积怨产生的必要条件，一般来说，没有生怨便不会有积怨。但是，生怨未必一定能产生集群性泄愤行为。如果一些新生代农民工生怨之后，强烈的不满情绪被基层政府或行政工作人员获知，政府部门及其工作人员就能够及时掌握实情并采取切实可行的举措，往往新生代农民工的不满情绪会得到释放，积怨也较难形成。但是，在目前新生代农民工务工的民主政治实践中，往往基于以下的原因，一些新生代农民工的生怨会进一步放大。一是一些基层政府或其工作人员将新生代农民工视为外来人，忽视或不予理睬其意见与利益诉求，或将其视为"刁民"而围追堵截，影响了新生代农民工正常权利的行使。二是一些新生代农民工表达自己的利益诉求后，更多的心理状态是立即或较快实现自己的利益要求或较快看到自己的利益表达效果。但是，基于科层制的设计，基层政府在上报这些信息的同时，毫无疑问地延长了政治回应的时间，使得一些新生代农民工的认知发生变化，进而不满情绪扩张。三是一些新生代农民工利益受损之后，往往因资源占有的差异，无法利用合理的利益表达渠道（如信访）实现自己利益的维护与增进，而当地居民却因为熟人社会的存在能快速地得到自己想要的利益表达效果。"门难进，脸难看，事难办"，这对一些新生代农民工来说更加熟悉，从而加剧不满情绪的扩张。长期的不平等环境，相同或相似的结局，加快了一些新生代农民工心里积怨的速度。

当一些新生代农民工积怨生成后，往往会通过不同形式表现出来，如弱者的武器、隐藏的文本、个人吁请等。但这些原子化的利益表达对社会的负面影响较小。新生代农民工没有自己的组织，集群化泄愤行为通常情况下也较难发生。但是，技术的发展却为这种集群性泄愤行为提供了支撑。随着网络的普及，一些新生代农民工将心中的积怨以图片、文字、视频等方式通过网络论坛发布出来，泄愤不满，并逐渐引来围观。当积怨达到一定程度或有更多的新生代农民工具有相同或相似的积怨心理后，在草根人士的动员下，往往会发展成为集群性泄愤行为。一些新生代农民工合理的利益诉求却在心理积怨得不到释放的情况下演化为非制度化的利益表达，采取非理性、非常态、体制外的泄愤方式，给当地的社会稳定与和谐带来较大冲击。

一些新生代农民工集群性泄愤表明了基层政府的治理困境，即基层政府在管理社会秩序方面的有效性存在问题与危机。[1] 基层政府的治理能力低下，本质上源于对新生代农民工权利的漠视。在一些基层政府的各种预警制度设计下，要么是无视民情民意，要么把新生代农民工的一举一动都当成"敌情"。从危机处置技术上说，一些地方政

---

[1] 西南政法大学中国社会稳定与危机管理研究中心：《社会稳定研究：城乡之间》，学林出版社2011年版，第149页。

府的许多做法,出发点不是化解矛盾,而是暴力压服,致使冲突一再升级。① 这种政府治理困境具体表现为新生代农民工集群性泄愤的三个面向。一是新生代农民工的集群性泄愤往往从具体的工作人员开始,由质疑具体的工作人员转向对基层政府的不满。本来寄希望于其能满足自己的利益诉求,遭到拒绝后,就会对整个政府体系产生怀疑,并将怒气撒向基层政府。二是由仇富到仇视整个当地居民。在务工地,因资源的先天优越性,一些当地居民成为小康社会的代表后,其行为往往具有暴发户的特点,尤其是对一些新生代农民工来说,这些特点往往是他们不能容忍的,进而将这些展示出来的特点积怨在心中。当心理承受能力达到一定程度时,他们便会从仇富演化为仇视整个社会。三是对政策公正性的怀疑。政策制定出来后是对所有的政策受体都起到作用。但是面临相同的政策,新生代农民工却与当地居民得到的利益在质与量上存在差异,形成基层政府有意维护当地居民利益的不正确认知,进而开始仇视基层政府制定出来的政策,甚至是上级政府的政策。基层政府治理能力是我国提出治理能力和治理体系现代化的重要组成部分。在建构治理体系和治理能力现代化过程中,在以人民为中心的发展理念中,基层政府的治理困境将得到有效解决,对社会产生较大负面影响的一些新生代农民工集群性泄愤利益表达行为将会越来越式微。

(三) 集群性街头政治

随着新生代农民工法律意识的提高,各种新生代农民工利益表达信息成为政策制定系统信息的重要来源。在利益表达过程中,也有一些集群性的街头政治成为新生代农民工利益表达的行为选择。一些新生代农民工之所以采取集群性街头政治表达自己的利益诉求,大致上有以下几个原因。一是新生代农民工与当地居民的非正式社会网络的隔离。李培林通过实证调研发现,农民工在进城后,他们的生活方式、文化水平、社会地位以及交往渠道并没有和原来的自己发生改变,他们也无法和务工地居民建立起系统的生活或工

---

① 中国经济体制改革杂志社:《改革要情参阅》第 4 辑,新华出版社 2010 年版,第 123 页。

作的交往圈子。虽然在务工地生活工作多年，但是他们仍然被视为城市生活的"陌生人"。① 新生代农民工在语言、生活方式、价值观念、社会地位以及文化水平等方面与务工地的居民存在巨大差别，并使他们无法与居住地居民联合起来进行集群性利益表达，必然自发地行使某种形式的利益表达行为。二是地缘群体认同的存在。某种意义上说，地缘关系毫无疑问是新生代农民工最重要的关系之一。由于与当地居民非正式社会网络的隔绝，新生代农民工强化了其对地缘关系的依赖。在地缘关系的影响下，新生代农民工具有相同或相近的交流语言、回忆场景和价值观念，因而产生较强的地缘关系和文化心理纽带，互相之间很容易产生共鸣。长期受到务工地居民的歧视和排斥，一些新生代农民工缺乏疏通发泄渠道，心理处于压抑状态。一旦出现导火线，他们往往会广泛地参与到街头政治中。三是心理失范的非相关利益参与。在集群性利益表达中，还存在一些非新生代农民工参与的情况，他们则被界定为非相关利益者。这些人在社会转型过程中，曾有的统一信仰遭到怀疑和抛弃，而个人又尚未确立自身的信仰体系，缺乏目的性和方向感，这是个体心理失范的表现。② 他们通过既存的集群性街头政治借机发泄，具有逆反、盲从与法不责众心理。③ 这种心理在一些新生代农民工集群性街头政治中富有煽动性、情绪性，从而推动街头政治影响力的提升和规模扩展。

现在，学术界对通过街头政治表达利益诉求的行为存在不同观点和态度。2009 年中国传媒大学专门召开了"街头政治"为主题的研讨会，将街头政治定义为某些政治势力为达到一定政治目的，发动群众走上街头游行示威，冲击政府部门的活动。④ 杨光斌则从中立理性型的态度剖析了街头政治，他认为街头政治以追求民主和自由为目

---

① 李培林：《流动民工的社会网络和社会地位》，《社会学研究》1996 年第 4 期。
② 孔凡义：《中国失业农民工政治参与及其治理研究》，湖北人民出版社 2014 年版，第 46 页。
③ 于建嵘：《社会泄愤事件中群体心理研究》，《北京行政学院学报》2009 年第 1 期。
④ 中国传媒大学当代国际问题研究中心：《对街头政治保持高度的警惕》，《中国党政干部论坛》2005 年第 6 期。

标，但这种目标是虚无缥缈、空洞的，不具有可操作性。因其无组织性，所以街头政治来也匆匆，去也匆匆，但会给社会造成巨大负面影响。① 还有一种态度是以反思型来看待街头政治利益表达行为的。他们认为，街头政治是社会个体表达特殊诉求的方式之一，应该从政府和社会两个层面分析街头政治如何发生，而不应该去探讨街头政治有什么影响。②

虽然有学者认为，温和式、小规模的新生代农民工集群性街头政治可以有效避免许多问题的产生，使一些新生代农民工的意见与利益诉求得以表达，并建构了政府和民众对话交流的机制。③ 但是，这种利益表达方式毫无疑问是非制度化的，它具有的组织性弱、动员能力强、可持续性弱、传染性强的特点。就注定了它是破坏性的而非建设性的政治。同时，它往往是无秩序的、偶发的，会吸引诸多非相关利益者参与或观望，从而导致街头政治规模呈现出爆炸性扩大状态。并且，街头政治往往完全暴露在公众面前，非封闭的空间使得政府等有关部门对此处理显示出更多的复杂性和艰巨性。因此，它并非现代政治所提倡的利益表达方式。

（四）集群性沉默

集群性沉默，即新生代农民工由于种种原因不能或不愿表达意见与利益诉求的行为。在一定程度上，它反映的是新生代农民工的话语权张扬问题。一般来说，新生代农民工集群性沉默可以分为三种类型。一是集群默许性沉默，就是一些新生代农民工在日常生活和工作中虽然也有意见、建议与利益诉求要表达，但往往基于顺从的心理而将这些诉求予以保留，这是一种相对消极的顺从行为。二是集群防御性沉默，就是当一些新生代农民工要表达自己的利益诉求时，往往会担心不正确的表达内容和表达行为会给自己增添太多的成本，带来更多的麻烦，意即因担心而保护相关利益诉求的自我保护行为。这种自我保护行为其实也体现出其主动性，因为在考虑这个问题的同时，他

---

① 杨光斌：《公民参与和当下中国的治道变革》，《社会科学研究》2009年第1期。
② 钟鸣：《街头政治的极端与民主制度的保守》，《南方都市报》2011年11月6日。
③ 戚建刚：《群体性事件治理中公众有序参与的行政法制度研究》，华中科技大学出版社2014年版，第101页。

们已经想到备选方案，明确保留观点和信息，只不过在当时这种方案是最佳策略而已。三是集群亲社会性沉默。集群亲社会性沉默是基于利他或合作的动机，为了他人和组织的利益而保留相关信息与观点的行为，其内在动机是关注他人，是一种有意而主动的行为。① 比如，一些新生代农民工担心表达自己的利益诉求之后对企业主或亲戚朋友所带来的影响，当他认为带来的影响较大时，往往会保留自己的意见、建议与利益诉求。

虽然从组织化的原则来看，集群性沉默是对整个社会产生冲击较小的集群性利益表达行为，但是这是一种消极的利益表达行为。它将新生代农民工的利益诉求隐藏起来，政策决策机构无法获得新生代农民工真实信息。因此，在制定决策时往往会发生偏差，进而影响到新生代农民工的利益，所以不是现代社会发展所需要的利益表达行为。

第三节 新生代农民工非制度化利益表达的危害

我国新生代农民工数量虽多，他们的生活条件相同，共同利益也相似，但是共同体记忆的缺失、信任与合作依附关系的弱化，使他们彼此之间并没有发生多种多样的关系。他们互相隔离，也"不能代表自己，一定要别人来代表他们。他们的代表一定要同时是他们的主宰，是高高站在他们上面的权威，是不受限制的政府权力，……并从上面赐给他们雨水和阳光"②。新生代农民工之间一致性行动的能力随之下降，最终沦为原子化的个体。原子化和集群化等非制度化利益表达行为，不仅影响到新生代农民工根本利益的维护、实现与增进，对政策的科学化与民主化造成一定的冲击，也会影响到社会和谐稳定，甚至影响到民主政治的健康有序发展。

---

① 何铨：《沉默的声音：组织中的沉默行为》，《心理科学进展》2006年第3期。
② 《马克思恩格斯选集》第1卷，人民出版社1995年版，第677页。

一 破坏既定政治结构

从理论上来说，不同的利益群体和个体组成特定自组织，并以此表达利益诉求，这是现代社会民主政治发展的基本规律。它不仅适应了社会变化的需要，也适应了多元利益产生的价值追求。社会组织通过分门别类、专业地聚合本共同体内成员的意见、建议与利益诉求，客观上起着利益聚合作用，有助于减少不必要的冲突，联结了政府与个体的关系。换言之，社会组织作为中介而存在，通过内部的自我管理、自我教育与自我整合，在内部实现意见、建议与利益诉求的一致。达成共识的过程实际上也就是消除个体原子化的过程，社会个体不直接面对政府。而且，由于社会组织代表社会个体将原子化或集群化的个体的利益诉求、价值观念等向政府传递，并因此影响到政府的公共政策。当公共政策制定之后，社会组织又将政策向成员内传递，说服或劝导成员接受政策。社会组织有效地化解社会个体与政府之间的张力，不仅弥补了个人表达的无力，有效克服了表达过程中的无序性，充分地发挥着上传下达作用，成为社会利益表达中重要的中间层和"安全阀"。如果缺失社会组织，"无组织的、原子化的个体迫切需要组织为其提供价值和归属，良性的社会联结方式没有出现，那么恶性的社会组织和联结就会占有这一'真空'，把社会和个体引向灾难"[①]，从而产生阿伦特所说的极权主义社会。

对于新生代农民工来说，他们"缺乏足够的资源，也缺少各种规范化、制度化的途径和通道进行利益表达，人数的众多与分散也使得他们自身无法在内部有效组织起来。他们既没有完备的组织形态，也没有固定的组织架构，只能成为具有共同利益基础与社会地位的利益群体而无法成为组织性的利益集团，在追逐自己的利益上自然处于无力的状态"[②]，只能采取原子化或集群化的利益表达方

[①] ［美］汉娜·阿伦特：《极权主义的起源》，林骧华译，生活·读书·新知三联书店2008年版，第414页。

[②] 李海清：《当中国改革路向》，中共中央党校出版社2012年版，第91页。

式。原子化或集群化的利益表达使新生代农民工与政府的"联结"缺失，使体现出文明社会的一些基本的、真实的并且成为最关键环节的中间层作用不复存在，打破了体现这一中间层应当发挥作用的社会结构。内部松散、组织能力差的新生代农民工直接面对国家，不仅影响了新生代农民工的利益表达效能，也使政府惠民政策失去下传的渠道。

另一方面，市场经济的发展使权利意识、自由意识开始觉醒，追求自由、享受权利成为社会个体日常的生活所需。但是，正如罗伯特·达尔所言，自由主义有很多美好的、值得期望的地方，但是，它也存在着一个最关键的缺憾，那就是个体以此为轴心行使自己的权利，必然会导致政治结构、设计政治理想的模式个体化。① 所以，市场经济的发展，一方面使新生代农民工关注到自己的自由，追求自己权利的实现；另一方面，也造成新生代农民工与社会之间的对立，每一新生代农民工都直接面对政府，直接从事公共管理活动，产生的结果要么使得公共政策过程无效率，要么异化的政治权力填补既有的"真空"。整个社会处于原子化状态，政府不能从社会中获得需要的公共政策信息，影响政策的效率和针对性。

二 引发社会失范

"善治是公共治理实践的理性预期，善治对公共治理的任何一个主体都报以理性的预期。即，无论是民间的还是政府的，无论是群体的还是个体的，都应该具有成熟的理性能力。"② 但是，理性却在人类社会发展中成为一个稀缺性资源。因此，一些新生代农民工在原子化利益表达过程中很容易将一些感性的心理活动和行为方式框入自己的利益表达行动，影响着自己对于利益表达模式的选择，也影响了公共政策制定的信息源的获取。这种感性认识不仅深受选择性偏差（一些新生代农民工在利益表达过程中将特定行为、事件归类于自己知道的某一典型模型，并以此认定、判断利益表达客体或其他新生代农民

---

① 朱鹃灏：《网络公民社会研究》，中国社会科学出版社 2014 年版，第 225 页。
② 同上。

工利益表达行为)、显著性思维(一些新生代农民工往往根据某一事件的发生去修正原有的决策行为,可能导致决策行为发生偏差,如对"大闹大解决"的认知)、有偏的自我归因(一些新生代农民工过于偏爱自己掌握的信息,往往在利益表达行为中对自己掌握的信息做出过激的反应)、锚定效应(一些新生代农民工在利益表达过程中把利益表达的将来和过去自己的估计相联系,得出非正常性的认识)等因素的影响,而且还受到外界环境变化的影响。

在非理性心理认知影响下,一些新生代农民工利益表达不是基于作为公民的责任感,不是出于对自己权利和义务的认识,不是出于对推进我国社会主义民主政治建设的考虑,不能正确理解中国国情对现实利益表达的制约,而是凭借心中激荡的非理性认知,甚至是为了发泄自己心中的不满情绪而表达自己的意见、建议与利益要求,① 产生共同意识的缺乏,社会失范出现。当原子化或集群化利益表达成为一些新生代农民工利益表达行为的常态之后,各种社会制约因素也宣告消解,社会结构出现"碎片化"。"一个分裂的社会是一个其成员越来越难以将自己与作为一个共同体的政治社会关联起来的社会。这种认同的缺乏可能反映了一种个人利益至上主义的观念,而依此观念,人们终将纯粹工具性地看待社会"②,并产生大量的越轨表达自己利益要求的行为,引发社会失范。

三 弱化政策公共性

社会良性治理的属性应是"公共",本质上要求建立效率、法治以及有责任的公共服务体系,但这种治理架构一直存在着原子化与社会撕裂的争论。法团主义过多关注于社会个体的原子化状态,担心原子化的社会个体会成为政策公共性的抗争性因素,从而破坏政治秩序。社群主义则关注集中起来的群体的行动策略,担心他们关注集合

---

① 张永强:《试论社会主义市场经济条件下的政治参与》,《河北师院学报》(社会科学版)1996年第3期。
② [加]查尔斯·泰勒:《现代性之隐忧》,程炼译,中央编译出版社2001年版,第136页。

的利益而不顾公共利益以及社会整体利益。① 因此,"在人类社会足以展开自身的时候,就必须处理什么是'公'、什么是'私'的问题,这是一个政治生活必须处理的基本问题。这也符合公共性原则是一切政治体运转的共同的、形式性原则的预设"②。新生代农民工没有建构自己的利益表达组织,不能作为一种独立的政治力量表达自己的意见、建议与利益要求,进而影响政策,并且由于新生代农民工的知识结构和实践经验以及利益诉求等存在差异,表达利益往往是个体化或集群化的。他们的利益表达是在直接迫于生存或生活的外在压力下,基于自己的利益受损,源于自身的一种"本能"和"感觉"。这种原子化或集群化的利益表达模式会导致公共性的缺失,并弱化了政府政策的制度性效度。

首先,原子化或集群化的新生代农民工利益表达彰显的是一些新生代农民工个体或非组织的意见、建议与利益要求,使政府在制定政策时对整体新生代农民工的利益或意见把握的难度加大。因为政策议程的基础是获取社会不同阶层的态度、立场、意见、建议与利益要求,并从多元的意见、建议与利益诉求出发找到重要的共识性议题。在这一过程中,综合、平衡各个群体或个体的诉求,将其纳入政策过程进行综合则是非常重要的环节。但是原子化或集群化的新生代农民工利益表达的却是个体的、家庭的甚至是混乱的利益要求,而且由于工作或生活环境等存在的差异,表达出来的诉求往往是多元的、琐碎的,甚至是冲突和对立的。政府在制定政策时综合各个利益诉求的难度增大,政策制定的效率也就会随之降低。而且,即使政府制定出了政策,但是由于政策议程接收到的冗余信息使制定的政策存在着"一致性同意"的难题,最终不能维护与增进整个新生代农民工群体的利益。

其次,任何一项政策都具有公共性,体现出公共性特征。新生代农民工的政策体现着现有新生代农民工整个群体的利益诉求。因此,对某一阶层的政策体现的是该社会群体的整体事务,而非个人事务,

---

① 朱蠡灏:《网络公民社会研究》,中国社会科学出版社2014年版,第230页。
② 任剑涛:《公共与公共性:一个概念辨析》,《马克思主义与现实》2011年第6期。

体现的是该群体的公共问题，这正是公共政策的逻辑起点。"公共政策最终要达成的目标是实现社会公众的公共利益。因此，公共事务、公共问题和公共利益的公共性正是体现了公共政策的公共性。"① 但是，原子化或集群化的新生代农民工利益表达不简单等同于整个新生代农民工利益诉求的一致性，可能代表了整个广大新生代农民工的利益诉求，也可能只代表了部分新生代农民工的利益诉求，甚至完全不能代表新生代农民工的意见、建议与利益诉求，也可能是个体新生代农民工不满情绪的宣泄。这种原子化或集群化的新生代农民工利益表达可能会导致政策议程对事实做出误判，从而使得公共政策制定过程中的公共性缺失。

四 损害民主政治发展

一些新生代农民工以原子化或集群化的方式表达自己的意见、建议与利益诉求的时间长短存在不确定性，并且表达的渠道方式也具有随意性。他可以根据自己所认可的渠道表达，也可以选择自己认为最能实现表达效果，并且能有效维护、实现和增进自己利益的方式进行表达。比如，近年来有人抨击的一些新生代农民工"跳楼秀""绑架""游街"等行为，都体现了原子化或集群化利益表达的随己性。而且，由于新生代农民工个体经历、个体认知存在差异，导致这种随己性出现多元状态。并且，原子化或集群化的利益表达所表达的大多是新生代农民工个体或家庭的利益诉求，缺乏组织的力量，在表达中维护与增进自己的利益时常常处于孤立无援状态，难以对政府政策过程产生影响，并进一步导致一些新生代农民工以非制度化的方式表达自己的利益诉求。不通过正规的表达渠道，不遵守正式表达规则的结果，也使一些新生代农民工原子化或集群化表达的效能具有不确定性。

此外，原子化或集群化利益表达也易形成新生代农民工与政府的抗争性风险。李普塞特在《政治人：政治的社会基础》一书中对抗

---

① 王乐夫、陈干金：《公共管理的公共性及其与社会性异同析》，《中国行政管理》2002年第6期。

争性做出自己的理解,他认为:"分歧,在其合法性的场合,有助于社会和组织的统一。""对社会或组织所承认的宽容准则达成共识是基本冲突发展的结果,支撑这种共识需要冲突的继续。"① 但是长期的冲突必定损害社会共识存在的基础。一些新生代农民工原子化或集群化的利益表达往往会导致社会失序,扩大了社会的张力,并且可能会引起一些非利益相关者情绪性的响应,导致社会个体甚至群体与政府抗争。

同时,新生代农民工原子化或集群化的利益表达也易导致民主政治发展的无序性。利益表达是公民的一项重要政治权利,也是公民影响政府政策的重要手段,政策制定需要从公民利益表达中获取信息。但是如果新生代农民工以原子化或集群化的方式表达自己的利益诉求,这会使进入政策过程的信息出现信息轰炸或信息欺骗等现象。这种原子化或集群化的利益表达信息类似于网络中的话语,"数字化世界是一片崭新的疆土,可以释放出难以形容的生产能量,但它也可能成为恐怖主义和江湖巨骗的工具,或是弥天大谎和恶意中伤的大营"②。这必将损害政治系统的稳定,无序化发展的结果是民主政治赖以生存的基础消逝。与社会组织利益表达的聚合不同,原子化或集群化的利益表达很难被均衡地代表,并且其表达方式和时机往往是偶发的、即时的、随意的,甚至是不负责任的。不同的新生代农民工表达出无数种的意见、建议与利益要求,"多数同意"的民主原则被破坏,甚至会出现严重的无政府状态。并且,会产生"半直接民主"和"少数派权力"的政治原则,对现有政治体制产生消极影响。"当一个社会中各种成分缺乏有组织的集团,或无法通过现成的有组织的集团充分代表自己的利益时,一个偶然的事件或一个领袖的出现都有可能触发人们蓄积着的不满,并会以难以预料和难以控制的方式突然爆发。"③

---

① [美] 西摩·马丁·李普塞特:《政治人:政治的社会基础》,张绍宗译,上海人民出版社1987年版,第1页。

② 王金水:《网络政治参与与政治稳定机制研究》,中国社会科学出版社2013年版,第133—134页。

③ [美] 加布里埃尔·阿尔蒙德、鲍威尔:《比较政治学:体系、过程和政策》,曹沛霖等译,上海译文出版社1987年版,第202页。

第五章　增能与赋权：新生代农民工利益表达秩序建构的策略

"大众的头脑中满是一些奇思怪想，但他们都缺乏理论化的能力。对于思想观念得以滋生、存活的珍稀氛围，他们更是一无所知。他们希望拥有自己的观点，但又不愿意接受一切观点赖以为基础的前提和条件。"① 新生代农民工原子化与集群化的利益表达不能有效地提升自己的话语权，而增强自己的利益表达效能，必须以增能和赋权两条路径，以矫正"阿喀琉斯之踵"，实现新生代农民工合理的利益诉求通过合法方式表达出来。

第一节　精英替代型表达：新生代农民工利益表达秩序建构的策略

尼采将社会中的群体划分为两类：占少数派的精英与占多数派的普通大众，并且指出，"任何健全的社会都有三种类型，以其在理性的不同而相互制约、相互吸引；每一种类型都有自己的卫生法则，自己的工作领域，自己的完美标准和优越感受。是自然，而非人工，遴选出那些具有卓越精神的个体、那些具有强健体魄和顽强性格的个体，以及第三类，那些任何方面都不突出的芸芸众生——最后一类是

---

① ［西班牙］奥尔特加：《大众的反叛》，吉林人民出版社2004年版，第68页。

占绝大多数的普通人,第一类则是精英"①。具有较高社会经济地位的精英在整个社会体制中占有绝对的优势位置,对一些社会公共议题持较多的关注度,具有较高的社会责任感,并且在资源汲取以及影响政策等方面具有特定的优势。精英代表新生代农民工表达自己的意见与利益要求,凭借其既存的政治、经济、社会地位影响政府政策,维护、实现与增进新生代农民工的利益。

一 多元视角下的精英理论

最早出现于17世纪的"精英"一词,原意是用来描述商品质量较为精美,后来其含义逐渐发生变化,主要用以表示那些在社会中具有优越位置的社会个体或集团。19世纪后期,这一词语逐渐在行为科学研究中被欧美一些学者广泛使用。②总体上看,学者对精英的研究大体在两个面向上展开。

(一) 精英决定着社会发展

大多数的精英主义者都非常坚信精英对社会发展起着决定性作用。比如,加埃塔诺·莫斯卡认为精英是个体通过组织的方式,基于不同的政治条件,变成统治或影响政治的权力阶级。在其1986年出版的《统治阶级》一书中,他认为,精英就是统治阶级,并且提出,所有社会中"都存在两个阶级——统治阶级和被统治阶级。第一个阶级——其人数总是非常有限——执行所有的政治职能,独揽大权,并尽情享受所带来的种种荣耀,而第二个阶级——人数众多的阶级——却受到第一个阶级以一种或多或少是合法的、专断的和强暴的方式的统治与支配"③。在加埃塔诺·莫斯卡看来,这个统治阶级——不仅包括政治精英,而且还包括社会精英,在其所存在的社会中备受推崇并产生积极影响,对整个社会变革起决定性作用。帕累托在其著作

---

① 转引自〔英〕吉姆·麦克盖根《文化民粹主义》,南京大学出版社2002年版,第50页。
② 参见〔美〕巴特摩尔《平等还是精英》,尤卫军译,辽宁教育出版社1998年版,第1页。
③ 〔意〕加埃塔诺·莫斯卡:《统治阶级》,贾鹏器译,译丛出版社2012年版,第56页。

《理想与社会》中也将社会居民分为两个阶层：非精英阶层和精英阶层，精英阶层又可以分为统治精英和非统治精英。并指出，不论从事什么行业，他只要在该行业中处于最高等级，便可以被称为社会精英，而统治精英本身就是由这样一些与众不同的社会集团所构成的。他们能够直接运用政治权力，并对整个社会的发展起着决定性作用。①米尔斯在其著作《权力精英》一书中明确指出，美国正在被来自三个日益相互关联的领域的领导人所统治，他们是大企业的高级主管、政府行政机构的主要官员，以及军队中的高级将领。这些人数不多，但非常集中，这个群体为美国社会做出绝大多数的决策，决定了美国社会的结构，并左右了中下层人们的生活。②

（二）大众与精英互动推动着社会发展

19世纪下半叶后，随着世界许多国家普选权和代议制的广泛实施所产生的大众民主的混乱，一些学者基于悲观主义情绪提出精英决定论者这一观点。精英决定论的"贡献在于发现，如同物质财富一样，政治权力完全不可能，也没有必要为社会成员平等地占有。凡是有组织、有人群的地方就会有权力精英，而任何权力精英都会有沦为专制者的倾向。这种倾向是否会变成现实，就要看与这种精英搭配的制度是什么。……决定社会好坏的不在于是否存在权力精英，也不在于精英的良心和德行是好是坏，关键在于是否能有效节制精英权力的制度"③。

随着精英理论的发展和影响力的扩展，一些学者也在不断地反思精英决定论的观点。他们从民主政治是统治者与被统治者两者相互影响、相互作用的角度展开研究，认为政治秩序的建构或社会的前进与发展是大众和精英两端互动发展的结果。精英不能离开大众，他们需要大众的支持，大众的利益和取向也可以作为精英发挥作用的一种参

---

① 转引自［美］巴特摩尔《平等还是精英》，尤卫军译，辽宁教育出版社1998年版，第4页。

② ［美］赖特·米尔斯：《权力精英》，许荣等译，南京大学出版社2004年版，第246页。

③ 参见刘军宁为《平等还是精英》一书所写的序言。转引自［美］巴特摩尔《平等还是精英》，尤卫军译，辽宁教育出版社1998年版，序言第8页。

数。只有在这种参数范围内,精英才能发挥出其社会性的作用。大众也经常参与政治来促进自己的福利,因而对精英政治可以加以控制和影响,体现了大众与精英互动的政治图景。① 在《政治人:政治的社会基础》一书中,李普塞特就对19世纪末20世纪初美国政党以及工会组织在精英权力发挥过程中为广大公民争取利益诉求权利的政治民主发挥了积极作用,并对大众在社会关系中的存在和意义给予了较高的评价。② 精英一旦失去大众的信任,就有可能失去领导地位并被社会所淘汰,这是大众与精英互动理论的实质和核心。在民主社会,现代民主理论认为,公民可以通过定期或不定期地投票以选举国家或社会的决策者,或通过自己的利益群体对政治决策过程施加影响,也必然使得精英要了解大众的利益诉求,与大众在民主政治中互动,才能发挥自己应有的影响力。

在关注精英理论历史发展过程的同时,中国学者不断地拓展精英概念的外延与内涵,发展着精英理论。仝志辉认为精英就是"在小群体的交往实践中,那些比其他成员能调动更多社会资源获得更多权威性价值分配的人"③。项辉指出,精英是指在某些方面拥有比一般成员更多更好的优势资源,为社会做出了贡献,从而使他们具有某种权威,能够对其他成员甚至社会结构产生重要影响的一群人。④ 精英是可以分层的,基于他们影响区域的不同、获得的资源或自身所拥有资源的差异,可以分为政治精英、知识精英与经济精英等。他们在新生代农民工利益表达中发挥着重要作用,成为矫正新生代农民工非制度化利益表达行为的重要影响者,是新生代农民工利益表达秩序建构的策略,是增强新生代农民工利益表达效能的重要推动性力量。

二 精英替代:建构新生代农民工利益表达秩序的理路

精英替代型表达增强新生代农民工利益表达效能的实现路径为:

---

① Daniel Hellinger and Dennis R. Juold, *The Democratic Facade*, Pacific Grove, CA: Brooks/Cole Publishing, 1991, p. 294.
② [美]西摩·马丁·李普塞特:《政治人:政治的社会基础》,郭为桂等译,江苏人民出版社2013年版,第230—235页。
③ 仝志辉:《农民选举参与中的精英动员》,《社会学研究》2012年第1期。
④ 项辉:《乡村精英格局的演变及现状》,《中共浙江省委党校学报》2001年第5期。

各种精英作为表达主体，代表新生代农民工的利益，凭借自己的影响力和资源汲取向政策制定机构反映新生代农民工的意见与利益要求，最终维护、实现与增进新生代农民工的利益。他们以准确和合理的利益表达影响政策制定，不仅确保了新生代农民工利益诉求理性的表达，而且也保证了政策制定所需要的准确的信息源，应当成为新生代农民工利益表达秩序建构的主要途径。

（一）政治精英：新生代农民工利益表达替代型的主体性力量

政治精英由于在党政部门等担任公职，熟悉政府政策制定过程，并且具有较大的政策制定话语权，可以汲取较多的影响政策的资源，充分有效地表达新生代农民工的利益诉求，成为新生代农民工利益诉求的最佳精英代表。在我国，除了各层级的人民代表大会代表通过自己的话语权直接代表新生代农民工表达利益诉求外，各层级的政协委员以及人数众多的各层级政府工作人员和遍布全国的基层党组织工作人员，他们也可以作为新生代农民工利益诉求的表达者和维护者。

在日常运作过程中，政治精英大都拥有特定权力，因此它是和政治权力密切相关的一个概念，也是指凭借拥有政治权力而有资格参与政策制定过程或影响政策制定的一群人。同时，我们应看到，政治精英之所以能成为新生代农民工利益表达的替代者，源于其既存的合法性。这种合法性来源于其所具有的权力，也来自其人格影响，即权力和权威相统一的过程。这种合法性是新生代农民工利益表达替代者的内在动力。同时，正是因为其是权力与权威的统一体，决定了其在新生代农民工利益表达中的作用。

俞可平认为政治精英在政治体系和政治过程两个方面都发挥着关键性作用。就政治体系来说，它是由众多要素构成的，政治精英不仅影响着政治体系的性质，同时也会导致社会变迁。就政治过程来说，政治精英通过参与政策制定，影响和实施某些重要政策的出台，进而对整个社会产生重要影响。另外，政治精英也可以引导阶层间的矛盾和冲突，代表着不同阶层的根本利益进行诉求。[①] 特别是在新生代农民工群体的利益表达中，政治精英由于其特殊的资源属性，决定了其

---

① 俞可平：《权利政治与公益政治》，社会科学文献出版社2005年版，第202页。

发挥代表者的特殊作用。

1. 政治精英在新生代农民工利益表达过程中功能发挥的向度

在新生代农民工务工地，随着社会主义市场经济的发展，在经济较为发达的地区，政治精英始崭露头角，发挥着影响力。这些政治精英不仅包括基层政府及其工作人员，还包括基层党组织成员以及人大代表和政协委员等。他们通过获取社会资源，可以较好地表达新生代农民工的利益诉求。

首先，政治精英在现实生活中往往与政策制定机构有着直接的交往关系，交往的频率高、深度大，成为新生代农民工连接政治权力机构和政策决策系统的中介。政府决策机构迫切需要从他们那里获得特定的政策信息和政策实施效果的评价，同时也依赖他们将政策做特定的宣传。这样，新生代农民工生活或工作场域的政治精英，就可以充分利用自己同政策制定机构联系方便的特点，在政策制定过程中，将新生代农民工的所思所想与利益诉求传递到政策制定过程，代表新生代农民工进行利益表达。

其次，一般来说，政治精英大都是新生代农民工务工地社会和谐与稳定的守护人，自然成为各个阶层利益表达的客体，并可以从相关部门和机构中凭借自己的影响力为特定阶层谋取正常、合法、合理的利益，获得部分阶层的认同，使他们把自己利益表达的诉求置于这些政治精英中。政治精英在传递这些利益诉求时，不仅体现着一种社会责任，更收获了自己的成就感。因此，政治精英作为新生代农民工利益的代言人，除了维持社会和谐与稳定之外，基于其在政策制定系统中较强的话语权，能够较顺畅地将新生代农民工利益诉求表达出来，并在政策制定结果中显示出来。

2. 政治精英在新生代农民工利益表达中的功能力度

政治精英对务工地的经济发展、文化和人文思想观念等产生重要影响，不仅在完善社会主义民主政治方面发挥着重要功用，而且是务工地经济发展、社会和谐的重要推动性力量。政治精英通过自身努力，在务工地政治权力结构中的影响力度不断增强。

首先，政治精英通过建构关系网络，能够有效地表达新生代农民工的利益诉求。政治精英大都是政治权力的拥有者，在社会发展中拥

第五章 增能与赋权：新生代农民工利益表达秩序建构的策略

有较强的话语权，再加上其本职工作，就使其不仅与政策制定系统具有较深的勾连，也与各种社会组织、基层党组织以及村（居）委会具有较好的关系。利用这些工作关系网络，新生代农民工的利益诉求就可以通过政治精英而输入中国共产党、政府机构、人大、社会组织与政协等各个利益表达渠道，增强新生代农民工利益表达的力度。

其次，政治精英作为一个社会个体，有一定的亲属关系网络。这些亲属关系网络也是政治精英代替新生代农民工进行利益表达的重要表达性价值资源。新生代农民工生活与工作场域既存的政治精英，通过务工地社会关系网络的建构，扩大其影响力。因为具有了特定的权力和权威，在表达新生代农民工利益诉求方面就具有了先天性的优势，成为新生代农民工重要的表达替代者，有效地维护新生代农民工的利益诉求。

表 5-1　"您认为工作地的人大代表或政协委员能解决您的问题吗"频率统计

		频率（次）	百分比（%）	有效百分比（%）	累计百分比（%）
有效	绝对能	77	7.0	7.1	7.1
	能	418	37.8	38.3	45.4
	不能	314	28.4	28.8	74.2
	绝对不能	47	4.3	4.3	78.5
	不清楚	235	21.3	21.5	100.0
	合计	1091	98.7	100.0	

总而言之，从理论上来说，政治精英由于其特定的身份与角色，凭借自己所拥有的资源，在获取新生代农民工意见、建议与利益诉求信息之后，通过上传下达等方式，表达新生代农民工的利益诉求，制定或影响政策，维护、实现与增进新生代农民工的利益。但是，在实践中，新生代农民工对政治精英的认同如何？是否认为政治精英能够表达自己的意见、建议与利益诉求呢？我们在问卷中设计了"您认为工作地的人大代表或政协委员能解决您的问题吗"，并提供了"绝对

能""能""不能""绝对不能""不清楚"五个选项，要求被调查者从中选择一项。运用 SPSS 20 工具，过滤掉老生代农民工的数据，形成新生代农民工关于此问题选择的频率表（见表 5-1）。

表 5-1 显示，在 1091 份有效样本中，认为工作地的人大代表或政协委员等政治精英能解决自己问题的新生代农民工比例为 45.4%，但也有三成左右的新生代农民工认为人大代表或政协委员等政治精英不能解决自己的问题。数据背后的逻辑说明，政治精英作用的发挥，距离新生代农民工的要求尚有一段距离。

（二）知识精英：新生代农民工利益表达替代型的补充性力量

知识精英——这一被广泛使用的词语，在不同的语境下，有着不同的陈述内涵，并赋予了其更具有差异性的价值意义。[①] 从一般意义上来理解知识精英，它主要是指文化层面中那些文化水平较高，以脑力劳动为主的群体。"他可以是教师、新闻工作者、律师、艺术家、文学家、工程师、科学家或任何其他行业的脑力劳动者。"[②] 知识精英具有高于社会普遍状况的学识，他们对于世界的解读与对未来发展趋势的解读往往被认为更接近事物变化的本质，对于政策制定系统的影响也非常有力。

知识精英在任何社会发展变革中的作用都不容忽视。他们大都具有较高的知识视野，思想相对独立，对特定社会议题的敏感度较高，往往给予强烈的关注，并以公益情怀和社会责任感去表达新生代农民工群体的利益，以影响政府政策。随着政策制定中专家参与渠道和范围的增加，知识精英影响政府政策的途径和能量进一步彰显，特别是现存社会中新生代农民工群体的利益诉求往往通过知识精英的表达而得到维护、实现与增进。

首先，新生代农民工生活或工作场域的知识精英虽然不像政治精英那样在务工地拥有更多的社会表达性资源和影响力，但作为公共利益的代言人与监护人，他们是维护新生代农民工利益的重要力量。知

[①] 国家社会基金重大项目课题组：《当代中国公民道德发展》，江苏人民出版社 2015 年版，第 130 页。

[②] 余英时：《内在超越之路》，中国广播电视出版社 1992 年版，第 126 页。

识精英的学识、经验等都是难得的、可贵的表达性资源。虽然在务工地，新生代农民工较少看到知识精英的身影，知识精英留给新生代农民工的只是些许"陌生感"的现象认知，而且，新生代农民工也不会主动与知识精英交往，两者间较易形成一定的隔膜。但是，知识精英的草根性在理论上来说更能够代表普通群众的意愿和立场。知识精英往往品德高尚，富有爱心，能够站在公共利益的角度，用长远的眼光审视新生代农民工的利益诉求。他们的文化知识储备和各种思想意识的先进性，使其成为新生代农民工利益诉求表达的重要代表性力量。

其次，随着乡村治理的复杂性、政策制定过程中的不确定性增强，为了政策的科学性与民主性，政策制定机构往往需要发挥专家的力量，上级政府也不断要求下级政府在制定政策过程中要主动吸纳各类专家学者参与其中。因此，知识精英可以直接将新生代农民工的利益诉求输入政策决策过程。而且，在日常生活中，他们对乡村社会具有较多的了解。特别是一些将新生代农民工作为研究对象的知识精英以及那些将新生代农民工作为创作灵感来源的知识精英，对新生代农民工更为熟悉，更加知道新生代农民工需要什么，进而可以原汁原味地将新生代农民工的利益诉求输入政策决策机构，减少表达诉求信息传递过程中的噪音。

我们也应看到，在新生代农民工生活或工作的场域，大多数的知识精英处于散落状态，他们只是在特定公共利益受损之后才出来发声，并因此成为新生代农民工利益诉求的表达者。如果知识精英能定位好自身的角色，避免出现对政治精英否定、回避的态度，作为拥有技术、文化知识和先进思想的他们，可以作为政治精英的有益补充，代表着新生代农民工表达利益诉求，维护和实现新生代农民工的利益。因此，避免新生代农民工利益表达的原子化和集群化，增强新生代农民工利益表达的效能，提升新生代农民工利益表达的强度，必须充分发挥知识精英在现代社会中的作用。用他们的专业素养、独立的人格和较强的公共议题敏感度，影响政府政策，实现新生代农民工利益诉求的理性表达。

(三) 经济精英：新生代农民工利益表达替代型的维护性力量

西方国家的经济与政治具有较紧密的联系，它们通过制度规定为经济精英接触政治提供了制度通道。经济精英接近政治是为了获得自己较大的经济利益，通过一种政治行动实现其经济行为目的。经济精英接触政治与政治精英进行联盟，支持政治精英选举，政治精英选举成功后又操作政策制定过程，返回给经济精英的投资，二者存在着一种高度互惠关系。但是这种高度互惠的关系并非所有的经济精英都能得到的，那些和政治没有关系因而不能获得经济利益的经济精英必然会起来反对，于是就会产生社会冲突。我们是社会主义国家，经济精英不具有参与政治谋求个人利益的基本动机，他们更多的是出于对国家和地方特定公共事务的关心，是为了推动社会发展和增进广大人民群众的福祉。①

在中国市场化改革取向过程中，经济精英逐渐成长并日益成为政策制定过程中的重要参与者。他们是社会主义市场经济的弄潮儿，是社会转型过程中产生的社会阶层分化的结果，也是依赖自身努力而形成的草根精英，在表达新生代农民工意见与利益诉求方面具有先天性的优势。

首先，新生代农民工务工地的经济精英往往本身也是当地的政治精英。例如，一些企业主同时又是本地层级的人大代表或政协委员。他们具有政治精英相同或相似的工作网络或亲属关系网络，这些也成为经济精英表达新生代农民工利益诉求的重要表达性资源。经济精英一般通过两种方式实现新生代农民工意见与利益诉求的直接表达，一是直接进入政治系统成为政治精英中的一员，再凭借政治精英相似的运行逻辑表达新生代农民工的利益诉求。二是由于经济精英在发展过程中和政治系统具有较强的天然性联系，可以通过个人关系网络以影响政策制定机构，将新生代农民工的利益诉求直接传送到政策系统中。

其次，经济精英是务工地经济发展的带头人，他们也积极参与务

---

① 钟伟军：《利益冲突、沟通阻梗与地方协调机制建设》，天津大学出版社 2009 年版，第 109 页。

第五章　增能与赋权：新生代农民工利益表达秩序建构的策略

工地的经济发展与社会生活，能为当地发展发挥自身的能力。而且，经济精英往往个人品德较好。这些先天性和后天性条件使之成为社会居民可信任或依赖的对象，也是新生代农民工进行利益诉求表达可以代表的主体。同时，新生代农民工工作的场域往往是经济精英发挥影响力的场地。在长期的劳资关系互动中，这种信任和依赖关系更加强烈。新生代农民工认为，经济精英可代表自己的利益向上表达，因为在长期的务工实践中感受到经济精英良好的品格。同时，经济精英在为新生代农民工提供就业机会并发放工资报酬等时，也经常帮助一些有困难的新生代农民工，更加剧了这种信任与依赖程度。新生代农民工大多是经济精英的员工，经济精英对新生代农民工的生活、工作状态最为了解，也非常关心他们的所思所想。他们代表新生代农民工的利益向政府等政策制定机构进行表达，往往也成为聚合新生代农民工利益诉求的重要力量，并且起到非常大的推动作用，进而维护了新生代农民工的利益。

第二节　市场外包型表达：新生代农民工利益表达秩序建构的策略

精英替代型是解决新生代农民工原子化与集群化利益表达的最佳方式，是建构新生代农民工利益表达秩序的主要策略，但并非唯一方式和策略。这是因为解决新生代农民工原子化或集群化利益表达仅靠精英往往不可避免地产生一系列问题。正如阿罗在其著作《社会选择与个人价值》中所述的不可能性定理一样：由于获取信息的差异和利益的多元化，每个人的偏好是不同的。因此，试图在任何条件下通过从个人偏好次序推导出社会偏好是不可能的。① 再加上如果精英过分强调新生代农民工利益表达诉求，可能会对其他群体的利益产生影响。同时，精英替代型利益表达依赖的是精英的自觉和高度的社会责任感，并因此会产生表达新生代农民工利益诉求动力不足的问题。新

---

① ［美］肯尼思·阿罗：《社会选择与个人价值》，陈志武、崔之元译，四川人民出版社1987年版。

生代农民工利益表达有多个过程,每个新生代农民工原子化或集群化利益表达未能产生规模经济,多元利益诉求之间往往存在冲突,何者为先、何者为后的问题不能得到较好解决。同时,利益表达不仅是个权利问题,它的行使也需要一定的知识与技能,新生代农民工没有太多的学习成本以了解并掌握这些知识和技能。相对于市场逐利性行为,原子化或集群化利益表达是没有比较优势的。而且,每个新生代农民工的自身禀赋、生活工作环境的差异,也使新生代农民工利益表达的优越性不再。因此,必须需要转换一种方式,将新生代农民工的利益表达以市场行为方式转让给市场主体,比如律师协会,由他们表达新生代农民工的利益诉求,新生代农民工则根据其表达效果予以一定的经济成本支付,这便是本书所说的市场外包型利益表达。

一 市场外包型利益表达的基本内涵

1951年,英国伦敦政治经济学院社会行政学教授理查德·蒂特玛斯第一次把"社会服务"作为一个学术问题提出来。他认为,社会保险是以现金支付的方式进行的,但社会服务却是一个与社会保险截然不同的概念。1959年,经过反复争论,来自8个国家的社会服务专家最终对什么是社会服务的基本含义达成共识。自此,社会服务被赋予了特定的内涵。它是一种有组织的活动,目的是帮助个人和社会环境达到相互调整的状态。实现这一目标,就是通过有计划地使用一定的技术、方法,使个人、群体和社区能够满足自身的需要,解决他们面临的问题,以帮助其适应不断变化的社会,并通过相关合作行动以改善经济和社会状况。①

由于国家和社会之间的关系,我国的社会服务发展得还非常缓慢,存在许多需要解决的课题。在新生代农民工利益表达中,我们可以尝试以社会服务的方式,将新生代农民工的利益诉求表达行动交给市场,由市场主体提供行动服务。这也可以称为市场外包策略。新生代农民工市场外包受制于特定的制度限制,但毫无疑问,它是新生代农民工增强自身利益表达效能,实现、维护其利益的较好策略之一。

---

① 岳经纶:《社会政策与"社会中国"》,社会科学文献出版社2014年版,第202页。

市场外包即新生代农民工将特定的利益表达诉求通过合同的方式委托给市场主体，由这些市场主体在承包期限内提供利益表达服务，以达致新生代农民工利益表达目标有效实现的活动。它解决了单一的原子化利益表达的弱势，消解了集群化利益表达的混乱。根据市场的竞争性程度，新生代农民工市场外包可以分为竞争性市场外包和非竞争性市场外包两种。

竞争性市场外包即新生代农民工根据自己表达利益诉求活动所需要的系统性要求，折合成市场价格，以招投标的方式向市场主体发出招标申请。市场主体根据新生代农民工利益诉求的目标，结合自身的市场地位，决定是否应标。竞争性市场外包采取的是最低价格或最优价值中标原则，能够非常有效地表达新生代农民工的利益诉求。但是，竞争性市场外包的基本前提是市场存在着多个能为新生代农民工利益表达提供服务的市场主体，否则可能因为缺乏足够多的竞标方而难以形成一个真正竞争的投标过程。同时，也有可能会产生市场垄断行为，无法很好地对承包方进行监管。

非竞争性市场外包即新生代农民工主要通过委托方式，购买市场主体表达自己利益诉求的服务活动。这种方式可以分为两种。一种是协商模式，即新生代农民工可以主动地邀请社会中具有一定影响力的行为主体，比如律师协会等，请他们根据自己利益表达诉求目标，撰写服务计划书，然后再依服务计划书选择合适的市场主体，将自己的利益表达诉求目标外包出去。另一种是合作模式，即新生代农民工可以和市场主体建立合作关系，根据双方的具体要求，设计研究合同内容和服务方式，以完成利益表达行为。非竞争性市场外包虽然有契约性约束，但缺少竞争，透明度不高，对社会服务过程难以监控。它适用于市场主体不是太多的情况，也是我国社会发展现实状况下，新生代农民工表达利益诉求可以加以利用的较好的市场外包方式。随着越来越多市场主体的形成，竞争性市场外包将会成为新生代农民工意见与利益诉求市场外包策略的主要形态。

二　目前环境下市场外包型利益表达存在的问题

新生代农民工将利益表达直接交给能够提供服务的市场主体来完

成，市场主体获得服务费用，新生代农民工完成利益表达，达到利益的维护与增进，这是双方互赢的格局。但是，基于目前我国市场外包主体发展的具体情况，新生代农民工利益表达市场外包服务还存在特定问题或困境。

（一）市场外包服务机构力量较弱

随着经济、社会的发展，特别是在利益格局多元化的条件下，我国的社会组织得到较快的发展。但是，能为新生代农民工提供市场外包社会服务的市场主体力量仍然比较薄弱。即使存在一些有能力提供新生代农民工利益表达外包服务的市场主体，他们服务的针对性、专业化水平也有待提升。从总体上看，就新生代农民工利益表达的市场外包服务来看，能够提供此类社会服务的市场主体数量少，规模小，难以提供满足不同利益诉求的社会服务。新生代农民工在选择购买社会服务时的面非常有限。同时，我国市场主体特别是社会服务提供的市场主体由于成立时间较短，社会公信度不高，对外提供社会服务等业务的能力较弱。即使新生代农民工能提供经费购买社会服务，由于提供社会服务的市场主体囿于自身发展条件的限制，也未必能有效表达新生代农民工的意见与利益诉求。为此，国家必须加大对市场主体的支持力度，不仅要在经费上提供支持，还要不断为市场主体松绑，降低市场主体提供社会外包服务的门槛，为其发展提供更加宽松的环境，最好能形成提供社会服务市场主体的多元化竞争格局。这样，新生代农民工将利益表达外包的同时，能接受到更多的良好市场主体的社会服务。

（二）新生代农民工购买社会服务的经费不足

新生代农民工大多工资较低，难以购买特定的社会服务，分散的他们又难以集聚起来实现集体购买相关服务的目的。基于经费的不足，新生代农民工即使有想购买社会服务的愿望，也难以产生购买的实际行动。同样，即使有高质量、多样性、个性化的社会服务项目，也难以为新生代农民工提供利益表达的社会服务。因此，在未来，利用市场外包增强新生代农民工利益表达效能必须解决经费不足问题。就目前发展状况来看，大体上有三种路径。一是众筹。即利用现在网络众筹的方式，众多的新生代农民工在表达共同利益的时候，每人捐献出一点点经费，以解决经费不足的问题。二是政府出资。总体上看，政府对新生代农民工利用社会服务表达利益诉求的投入是不足的，这不能充分体现政府的服务性本质。政府为新生代农民工利益表达提供经费，其实质也是在帮助自身获取特定的政策源信息，消解社会中的不安定因素。三是调动慈善机构的积极性。相关部门要积极吸引慈善机构，使他们主动关注新生代农民工的利益诉求，调动慈善机构参与社会服务的主动性和积极性。通过慈善机构提供的经费支持，以解决新生代农民工购买社会服务经费不足问题。

（三）新生代农民工购买社会服务缺乏有效监管

现阶段，新生代农民工购买特定市场主体提供的表达自己利益诉求的社会服务还处于萌芽阶段，相应的规章制度无论是从国家层面还是市场层面都未能有效建构出来。由于缺乏实践经验，相关的指导性意见缺失，具体的实施方案又不具有可操作性，产生了有效监管缺乏的问题。这种缺乏主要体现在两个方面。一是政府对提供新生代农民工利益表达社会服务的市场主体的监管较难。由于市场主体在提供服务时往往和新生代农民工间处于信息不对称的状态，新生代农民工在信息不对称情况下往往不知道自己的利益诉求能否得到表达，表达过程如何，取得了哪些表达效果，这对处于信息弱势的新生代农民工来说是较困难的。另外，政府也不知道何者为市场主体，市场主体究竟提供了哪些具体的社会服务。二是新生代农民工对市场主体的监管不力。由于信息的不对称，表现出新生代农民工对自己购买的社会服务项目监督是无能为力的。因此，当新生代农民工采取市场外包策略表达利益诉求有了具体行动之后，或者说，当市场出现更多市场主体竞相为新生代农民工表达利益诉求的时候，就应该建构一定的制度体系，约束市场主体的行为，科学评价市场主体提供社会服务的质与量。

三　市场外包型利益表达应重点关注的几个问题

市场外包能有效地激发市场主体的活力，主动表达新生代农民工利益诉求。但是，就这一制度创新来说，在实践中还应着重解决以下几个问题。

(一) 新生代农民工的哪些利益诉求需要外包

新生代农民工购买社会服务，"买什么"就是他们面临的第一个问题，也是市场外包型利益表达策略必须解决的逻辑前提。它实质上又包含两个层面的含义。

第一，新生代农民工购买的社会服务是否满足或反映了新生代农民工的利益诉求。单一利益表达大多表达的是个体或其家庭的利益，但市场外包型的利益表达往往表达的是集合群体的利益。因此，在这一过程中，一些新生代农民工会隐瞒其偏好，以便支付较少的成本，但这并不影响他通过搭便车的方式享受这种社会服务所带来的好处。这便产生了市场外包型利益表达的搭便车难题，且缺乏有效的偏好显示机制。因此，在资源有限的情况下，新生代农民工在进行市场外包型利益表达时，如何集合其他新生代农民工的需求，这并非易事。另外，新生代农民工利益诉求会随着社会的发展和条件的变化而变化。如何在社会服务中将这些变化了的利益诉求提供给市场主体，这也绝非一件容易的事。确定社会服务能反映新生代农民工共同的需要，满足利益多样化、多层次的需要，这是新生代农民工利用市场外包增强利益表达效能需要解决的首要问题。

第二，新生代农民工要确定购买服务的边界，即哪些利益表达应该由市场主体来完成。由于新生代农民工利益诉求的多样性，如果界限不明晰，将会导致在社会服务中产生缺位或越位现象。所谓缺位，就是一些可以由新生代农民工个体或集体行动表达利益诉求的行为却交给了市场主体来进行。大多数的利益表达都可由新生代农民工自己或集体来完成，对于一些较复杂、技术性较强的利益表达内容则可以交给市场主体来进行，这是社会服务设计的初始目的。但是，如果新生代农民工只要有利益表达诉求需要，都去找市场主体来提供社会服务的话，则会产生缺位现象。所谓越位，就是一些本不该属于新生代农民工的利益诉求行为却通过市场主体来进行表达。一些新生代农民工可能在现实利益表达过程中，对于哪些是属于自己的利益诉求，哪些是自己和其他阶层共有的利益诉求分不清楚，并将这些分不清楚的诉求寻求于社会服务提供方。比如环境问题，不仅是新生代农民工面

第五章 增能与赋权：新生代农民工利益表达秩序建构的策略

临的利益问题，也是其他阶层面临的问题。如果将这些共同的利益诉求通过外包的方式表达出来，就会增加新生代农民工利益表达的成本，出现越位现象。

（二）谁是市场外包型利益表达的购买主体

关于这个问题，答案是明确的。新生代农民工是市场外包型增强新生代农民工利益表达效能的购买主体。但是，新生代农民工是一个集合性的概念，在选择市场主体时总是选派一定代表与市场主体进行协商和沟通，便因此而存在特定的需要解决的问题。

第一，信息不对称。在选择市场主体时，新生代农民工往往处于信息不对称状态。对于市场主体来说，他们对于市场、政策运作程序可能由于其专门化、职业化的特点而获得更多知识。但新生代农民工只知道自己的利益诉求内容及目标，至于以何种方式实现，以什么样的途径进入政策制定议程，对此所获信息较少。在非专家购买的条件下，新生代农民工往往处于信息弱势。同时，在签订合同、执行合同以及监管等方面，新生代农民工也处于弱势信息方。信息不对称需要引起新生代农民工的高度重视。

第二，寻租风险。新生代农民工或新生代农民工的代表在选择市场主体提供社会服务以增强利益表达效能的同时，他是具有"理性人"特征的。如前所述，新生代农民工的利益诉求是多元的。那么，在选择市场外包主体时，新生代农民工代表会根据自己的偏好决定外包什么、怎么外包以及以什么方式进行外包等问题。作为市场外包中的市场主体，也有可能在表达新生代农民工利益诉求过程中，通过其表达活动为自己获得额外利益，甚至与代表进行合谋，谋取不正当利益，导致利益表达效能下降，新生代农民工利益表达成本上升，影响到利益表达成效。

第三，缺责问题。由于在选择市场主体过程中，基于服务两端的信息不对称，再加上可能存在寻租，就有可能导致市场外包行为失败，甚至根本没有将新生代农民工的利益诉求表达出去。那么，市场外包主体或新生代农民工的代表就可能借对方之错缺责或甩包袱，使市场外包行为出现不稳定结局，导致新生代农民工利益表达行为未能完成，损害他们的利益。

（三）社会服务过程中应注意的问题

市场外包策略是新生代农民工增强利益表达效能的重要手段，是解决新生代农民工非制度化利益表达的重要策略，但在市场外包社会服务过程中也应关注以下几个问题。

第一，如何定价的问题。社会服务定价非常困难。因为在新生代农民工利益表达市场外包过程中，他们利益需求的偏好显示不足，成本核算较为困难，服务价格核定存在较大空间，因此可能会出现因定价问题而影响到市场外包的行为选择。

第二，购买方式的问题。购买社会服务可以通过竞争性购买，也可以通过非竞争性购买，两种购买方式具有相异的运作程序和运行规则。到底选用哪种方式，对新生代农民工来说，是一个要加以解决的问题。

第三，监管和评估的问题。新生代农民工有多元性的利益，这些需要表达的利益可能存在特定顺序，何者能表达出来，何者又不能达到预期的效能，这些评估在合同中未能充分体现。虽然新生代农民工和市场主体的责任在合同中得到规定，但对于一些模糊的内容则较难界定。因此，执行过程中可能与预期有偏差。如何对这些偏差进行纠正，如何量化合同的执行效果，如何对合同执行过程进行全方位的监管，这是一个崭新的课题。

一言以蔽之，市场外包型利益表达符合一定的程序，能够满足新生代农民工的利益表达需求。新生代农民工通过将自己的利益表达事项委托给市场主体，购买他们的服务，能够保证委托主体代理机制的运行，增强新生代农民工利益表达的效率。同时，新生代农民工通过与市场主体建立契约式服务提供模式，作为服务购买者，新生代农民工可以据此约束服务主体在表达利益时做到独立决策，独立运作，承担责任；也可以根据合同对服务主体进行管理、评估，市场主体以经济人的行为模式运行，为新生代农民工的利益表达提供服务。服务主体在追逐市场利益的基础上，也会努力地表达新生代农民工的利益，做到效率与公平的有效统一和平衡。

市场外包型利益表达增强新生代农民工利益表达效能的实现路径是：新生代农民工将特定的利益诉求以市场法则外包给市场主体，市场主体在充分获取这些利益表达信息后向政策制定机构进行表达，新生代农民工再根据市场主体的表达效果进行评估，予以一定的经济成本支付。应该看到，追逐利益为动机的外包服务往往会存在搭便车的行为，或者市场失灵的天然陷阱使这种市场外包型利益表达出现些许弊端。但只要对此消极问题做出积极处理，市场外包型由于行为动机充足，可以有效地解决原子化或集群化新生代农民工利益表达能量不足的问题，解决因非理性而存在的原子化或集群化利益表达的消极影响，增强新生代农民工利益表达的效能，实现新生代农民工合理利益诉求通过合法方式表达出来的目的。

第三节　媒介聚焦型表达：新生代农民工利益表达秩序建构的策略

报纸、杂志、广播、电视与互联网等都是公众进行交流的渠道，这些媒介的基本功能就是获取和传递信息。特别是在新媒体急速发展情况下，各类信息在媒介传递的速度、容量和范围超出以往传统媒介，使信息能够快速突破时间和空间的限制。除了传递信息之外，媒介还有效地引导着公共舆论。引导的这些公共舆论是政府"觉得要小心倾听"[①]的东西，成为政府传播的主要渠道，有效地影响着公共政策。新生代农民工利益表达秩序的建构可以借助媒介以引导社会公众关注特定事件，放大特定利益，影响政府决策，增强利益表达效能，维护自己的利益。

一　传声筒：影响政策议程，增强新生代农民工利益表达效能

媒介能有效影响政策议程是一些学者的共同结论。安德森在其著作《公共决策》一书中指出，社会中存在或发生的特别问题可能会引起媒介的高度关注，媒介通过不断地报道这些问题，这些问题就有可能进入政策议程。如果问题已经提上政府议程，媒介通过自己的再

---

① V. O. Key, Jr, *Public Opinion and American Democracy*, New York: Kenopf, 1961, p. 10.

次集中报道会使这些问题更受关注。① 传媒的报道可以影响政策议程设置,也是我国台湾学者彭芸的重要观点。她说:"调查性新闻如何导致政治行动呢?首先,新闻记者可以撰写有关公共政策方面的文章,期望产生大量民众的反应以导致对采取政治行动的广泛要求。其次,新闻记者可撰文来激起政治精英的注意,这些政治精英或是政府官员或可与政府官员们合作来促使政治行动,这两者的合作可能使新闻配合的政治活动不断出现,导致期望的改革。"②

当然,对传媒的报道可以影响政策议程设置的功能,也有一些学者持谨慎态度。比如,在承认媒介对政府议程有重要影响的同时,加拿大学者迈克尔·豪利特也表达了对这种重要影响的谨慎看法。他认为,媒介影响政策议程是零散的,并且是很边缘性的。"我们不能夸大大众传媒在政策过程中的作用。另一些政策行为主体有足够的资源来抵消媒体的影响。政治制定者在极大程度上也是聪明和智慧多谋的个体,他们很明白自己的利益所在,在适当的和可行的政策选择上有自己的主意,并且不会因为媒体或媒体关注的无关紧要的事情而动摇。实际上,他们经常利用媒体来为自己的利益服务。政府和成功的利益集团向媒体提供经过挑选的信息,以此为自己的利益推波助澜的现象十分普遍。"③ 我国台湾学者朱志宏论述了传媒对政策影响力减弱的三种情况:"(1)人们对大众传播媒体缺乏信心,不认为它是政治消息的主要来源时;(2)大众传播媒体对公共事务的注意程度未达到人们期望的水准时;(3)大众传播媒体其本身对政治之诠释来灌输或改变不同意见之人们,却感到力不从心时。"④

虽然关于媒介对政策议程的影响,不同学者有相异的认知,但是大都承认一个共同的观点,即媒体确实在现代政治中扮演着重要角

---

① [美]詹姆斯·E. 安德森:《公共决策》,唐亮译,华夏出版社1990年版,第74页。
② 彭芸:《新闻媒介政治》,台湾黎明文化事业股份有限公司1992年版,第92页。
③ [美]迈克尔·豪利特:《公共政策研究——政策循环与政策子系统》,庞诗等译,生活·读书·新知三联书店2006年版,第103页。
④ 朱志宏:《公共政策》,台湾三民书局股份有限公司1995年版,第86页。

色。这种重要角色是媒介增强新生代农民工利益表达效能的内在逻辑。

(一) 媒介引导公众舆论，增强新生代农民工利益诉求效能

媒介的基本定位是获取和传递信息，但它在获取何种信息、传递何种信息时具有某种意向性。这种意向性体现在两个方面。一方面，大众传媒实际上是在选择性地获取信息，并不是所有信息都能够引起所有大众媒体的注意。一般来说，媒体会根据自己的传播理念和对信息的认知出发选择获取的信息。另一方面，获取到的信息较多，何种信息能够报道出来又取决于编辑以及剪辑人员，因此受到这类人员的再次选择和过滤。这种意向性的"解读信息"会导致某类信息被公众关注，而另一些信息却并未能在媒介中报道出来。媒介如果将新生代农民工的利益表达信息作为重要内容，必然会影响到整个公共舆论，通过向政策制定机构供给信息，以影响政策。

对新生代农民工利益表达信息的报道，是大众传播媒介影响政策的重要途径。尽管现代社会各种信息较为充分，但是不同群体获取信息的渠道和能力存在较大差异，很多新生代农民工的利益表达信息需要通过媒介的报道才能进入人们的视野，引起社会较多公众的关注。政策制定者也希望了解新生代农民工在想什么，制定什么政策才是最合时宜的。新生代农民工也希望知道政府在做什么，制定的公共政策对自己是利还是弊。所以，政府在制定政策时需要一种机制，能够沟通政策制定机构和新生代农民工，而媒介则充当了这一平台和渠道。新生代农民工的意见与利益诉求，通过媒介不间断地报道向政策制定机构输送，政策制定机构了解了新生代农民工的意见与利益诉求后，制定出体现新生代农民工意见与利益诉求的政策措施，从而有效地避免集群化和原子化利益表达的负面影响，增强新生代农民工的利益表达效能，建构有理性的利益表达秩序。

(二) 媒介影响政策议程，增强新生代农民工利益诉求效能

新生代农民工利益表达的最终目的是影响政府政策，维护、实现与增进自己的利益。在公共政策制定过程中，政策议程的建立是非常重要的一环，它决定着哪些社会关注的问题可以进入政策制定过程，获得讨论的机会，并且最终会使具有解决这一社会问题的政策出台。

因此，在政策议程的设定过程中，社会各个阶层为了改变自己在政策制定之后的不利位置，基于自己的利益，预先行动起来，以改变或影响政策议程的设计。能成为政策议程的话题，大多是某些引起公众广泛关注和热烈讨论的社会问题或利益问题。但是，不同时期社会公众所关注的问题也会有不同，并且发生变化。虽然当时被社会公众所关注成为热点问题，但有时过了一段时间也会消失而不复存在。因此，对于什么问题才能进入政策制定过程，与其说是政策制定者应考虑的基本问题，不如说是各种力量博弈的结果。因此，"在理论上，公众议程相较政府议程而言，似乎更受人们所青睐。因其主体的独特性，公众议程往往被打上民主的烙印，而成为我们向往和追求的目标。然而，在现实生活中，公众议程的命运却并不乐观"①。对于新生代农民工来说，他们的利益诉求想成为公众问题并最终进入政策制定过程，则相当困难。没有组织的利益表达平台，再加上原子化或集群化的利益表达方式，新生代农民工由于话语权的弱小，使得公共议程很难捕捉到新生代农民工利益表达诉求。

但是，媒体的发展却使新生代农民工的利益诉求成为政策议程关注对象由可能变为现实。因为政策议程设定所关注的核心问题是，"哪些社会问题将会成为政策问题以及它们是如何被排上决策者的决策日程？"②虽然新生代农民工在利益获取方面处于弱势，不能较强地影响政府政策，但是媒介却可以运用其力量，在宣传和推动下，将原子化或集群化的新生代农民工利益表达中的共性部分整合出来并引发社会公众的讨论，最终形成政策议程。一方面，媒体的自由发声是现代社会赋予媒体"第四部门"的重要权力，媒体也具有部分的利益表达整合功能。通过对新生代农民工利益表达信息的收集、选择、制作与发布，新生代农民工的某些利益诉求就会在媒体的宣传、推动下放大而成为社会公众关注的问题，形成强大的社会舆论，最终成为政策议题。另一方面，媒体又具有上传下达功能，公共政策制定主体

---

① 何华兵：《中国公共政策的公众议程设置模式的探讨》，《甘肃行政学院学报》2008年第1期。

② 刘伟：《政策议程创造的基本类型：内涵、过程与效度的一般分析》，《理论与现代化》2011年第1期。

也希望在政策制定过程中了解和吸纳特定阶层的利益表达信息，以使制定出的政策产生实效性，大众传媒则成为其重要选择。大众传媒可以凭借自己的力量传播、推动其所关注的议题，产生社会反响，推动此问题进入政策议题。托马斯·戴伊指出："在政策制定过程中，媒体的权力体现在'制造'问题，并将这些问题进行装扮，使之变成'危机'问题，使人们开始关注谈论这些问题，最终迫使政府官员不得不采取措施解决这些问题"。他甚至说，"媒体不关注的问题决不会成为政府加以解决的问题。换句话说，媒体不关心的问题也就是政府可以忽略不计的问题。"① 媒介凭借这种"触发机制"让新生代农民工的利益诉求形成媒介议题，推动公众互动，最终进入政策议题。

二 聚光灯：引发社会关注，增强新生代农民工利益表达效能

传播学者麦库姆斯做过一个实证研究，他研究了1968年美国总统选举时媒介的选择性报道对选民的影响，发现在选民对当前重要问题的判断与传媒的反复报道和强调的问题之间，存在一种高度的对应关系。换言之，媒体作为"大事"加以报道的问题，同样也作为"大事"反映在公众的意识当中，传媒强调得越多，公众对该问题的重视程度也就越高。② 这便是著名的"议程设置功能"理论假说。"议程设置功能"理论假说向世人展现出一个基本常识：对物理视野和活动范围有限的公民来说，关于当前大事及其重要性的认知和判断通常来自传媒。传媒不仅是重要的信息源，而且也是社会个体日常生活中的重要影响源。这种功能可以有效聚集新生代农民工利益表达诉求信息，吸引广大社会个体的围观，进而扩大影响，增强新生代农民工利益表达效能。

（一）媒介报道新生代农民工利益表达信息引发受众关注

媒介虽然不能决定社会个体对某一事件或信息内容的具体看法，但是可以通过提供信息和安排相关的议题来有效地左右社会个体关注

---

① ［美］托马斯·戴伊：《自上而下的政策制定》，中国人民大学出版社2002年版，第136页。

② 转引自成振珂《传播学十二讲》，新世界出版社2016版，第177页。

某些事实和意见，以及他们对议题的先后顺序。①

在实践中，新生代农民工是否希望自己的利益表达信息被媒介关注，被他人关注呢？在问卷中，我们设计了"您希望自己在微博、微信或QQ中发的信息被他人关注吗"一题，要求受试者从"非常希望""希望""一般""不希望""根本不希望"五个选项中选择一个，过滤掉老生代农民工的数据，形成表5-2所示的频率统计表。

表5-2 "您希望自己在微博、微信或QQ中发的信息被他人关注吗"频率统计

		频率（次）	百分比（%）	有效百分比（%）	累计百分比（%）
有效	非常希望	74	6.7	7.2	7.2
	希望	506	45.8	49.5	56.8
	一般	372	33.7	36.4	93.2
	不希望	50	4.5	4.9	98.0
	根本不希望	20	1.8	2.0	100.0
	合计	1022	92.5	100.0	

表5-2数据显示，在1022份有效样本中，93.2%的新生代农民工希望自己的意见、建议与利益诉求被其他人关注，只有6.9%的新生代农民工不希望自己的信息在媒介中被他人关注。

从理论上来说，媒介关于新生代农民工利益表达信息的话题一抛出，在很短时间内就会被大量的媒介转载或网民转帖，能迅速形成排山倒海般的意见洪流。虽然每天媒体发布的信息难以计数，但是媒介可以通过信息报道的排序决定新生代农民工利益表达信息的位置，并

---

① 郭碧青：《大众传播议程设置的引导舆论作用》，《当代电视》2012年第5期。

第五章 增能与赋权：新生代农民工利益表达秩序建构的策略

能够将其成为热门话题供受众阅读和讨论。即使一些网民对此不感兴趣，而把另外一些信息炒热，但媒介还可以通过议程设置功能，用新生代农民工利益表达信息把别的议题"压"下去。除了传统媒介所具有的功能之外，拥有匿名性、传播快、受众多、范围广的自媒体会将新生代农民工表达诉求信息在自媒体空间中发布出来，从而使相关信息在网络空间呼啸而来。并且，在从众效应的影响下，社会个体跟从媒体议题的心理压力剧增，会形成比传统媒介环境下更为强烈的、沉默的螺旋效应，从而使新生代农民工利益表达信息被迅速扩大，引来众多社会个体的话题讨论和话语支持，形成强大的社会舆论，有效地提升新生代农民工利益表达效能。

（二）媒介可以将新生代农民工利益表达设置为受众认同的热点以增强利益表达效能

一些特殊事件往往经过媒介的报道会对整个社会产生重要影响，媒介此时可以介入，通过议程设置，增强受众的社会认同，形成社会共识。比如，媒介对新生代农民工一些身体式利益表达的持续报道，必然会在吸引受众围观的同时，增强社会个体对新生代农民工利益的重视和认同度。因此，传媒"完全可以修改某一程序中心算法，来改变各新闻在检索中的排序，从而对新闻的重要性进行暗示，而受众恰恰对这种通过技术手段产生的隐性议题设置很难察觉，几乎是在不经意间就让网络媒体的议程设置发生了效果"[①]。受众总是被动地接收媒介关于新生代农民工利益表达的信息，他们只能在媒介为之设置的议程中有限地选择和过滤着特定的信息，却无法回避媒体推介出来的新生代农民工利益表达信息。因此，从这个意义上来说，媒体可以自由地将新生代农民工利益表达信息"推"给受众，并引发受众的社会认同，对新生代农民工利益形成共识，并因此有效地提升新生代农民工利益表达效能。再加上网络传播的世界性特点，一些关于新生代农民工利益表达的信息也可能迅速在世界各地出现，国外的受众也会对中国的一些事件形成讨论。进

---

① 转引自金君俐《社会转型背景下的报纸舆论引导研究》，浙江大学出版社 2013 年版，第 83 页。

而，在国内外联动的情况下，媒介所要报道的新生代农民工的利益表达信息获得更多受众的重视，并产生共识，形成对新生代农民工利益表达效能提升的有效舆论环境。

三 摄像头：媒体采访，增强新生代农民工利益表达效能

媒介通过平台或记者的民间调查以及采访，获知新生代农民工最为关切的问题，进而将这些问题进行重新加工，以文字、视频或图片的方式呈现于媒介平台中，引起其他阶层或新生代农民工的围观，增强新生代农民工利益表达效能。正如罗杰·柯比所言，一些问题呈现于网络中，因此唤醒了此种社会问题，"拜传媒之赐，将问题传播到更广大的公众之中，使冲突的范围变得更广……'唤醒'本身是自足的，容易滚成雪球。当传媒对一个情况感兴趣时，它们通常盯住不放，使越来越多的重视和关注产生"①。唤醒新生代农民工利益诉求进而增强其利益表达效能，主要体现在两个方面。

（一）自媒体平台的出现和扩张，提升新生代农民工利益表达效能

随着科技的发展，自媒体逐渐成为社会公众日常生活中不可或缺的重要组成部分，因而人人都有麦克风、人人都有摄像机的全民记者时代到来了。新生代农民工和其他阶层可以将其利益诉求快速地呈现在自媒体平台中。这些信息可以不拘形式，"可以长篇大论，也可以寥寥数句，只要能表达清楚自己的观点，就是一篇或一条评论，就可以自由地发表"②。

在利益表达实践中，自媒体在新生代农民工群体中的发展状况如何？他们是否愿意使用新媒体？在问卷中，我们设计了新生代农民工是否使用自媒体工具以及使用的频率如何两道题目，获得表5-3与表5-4所示的频率统计数据。

---

① ［美］拉雷·N.格斯顿：《公共政策的制定——程序和原理》，朱子文译，重庆出版社2001年版，第60页。
② 何志武：《大众传媒与公共政策》，中国社会科学出版社2013年版，第143页。

第五章　增能与赋权：新生代农民工利益表达秩序建构的策略　199

表5-3　"您有微博、微信或QQ账号吗"频率统计

		频率（次）	百分比（%）	有效百分比（%）	累计百分比（%）
有效	有	937	84.8	87.4	87.4
	没有	135	12.2	12.6	100.0
	合计	1072	97.0	100.0	

表5-4　"您经常使用微博、微信或QQ吗"频率统计

		频率（次）	百分比（%）	有效百分比（%）	累计百分比（%）
有效	经常有	634	57.4	62.1	62.1
	偶尔有	338	30.6	33.1	95.2
	没有	30	2.7	2.9	98.1
	根本没有	3	0.3	0.3	98.4
	不清楚	16	1.4	1.6	100.0
	合计	1021	92.4	100.0	

数据显示，在1072份有效问卷中，87.4%的新生代农民工使用自媒体工具。在使用频率上，62.1%的新生代农民工使用频率较高，只有3.2%的新生代农民工基本上或从不使用自媒体，显示出自媒体对新生代农民工的影响较大。

自媒体约束性较弱，多指向甚至对立的观点都可以畅所欲言，在很大程度上为新生代农民工的利益表达提供了言论自由的场所，而这种表达信息也最符合其本意。一些信息在经过重重放大后，便引来围观，立即会被转发成千上万次，产生扩散，增强社会效能。另外，媒体也体现出网络管理人的意志。新生代农民工利益表达诉求的帖子或博文在经过版主的修改、置顶后会被更多的人关注，形成滚雪球效应，进而扩大这些信息的影响，间接提升了新生代农民工利益表达效能。

(二）媒介记者的田间采访反映了新生代农民工所思所想，提升了利益表达效能

媒介报道的社会问题除了一部分是公众反映给媒介之外，绝大多数是记者亲自调查研究的。因此，"对于新闻记者特别是有一定身份和地位的新闻记者而言，用自己的慧眼发现并作报道，就能够体现自己的专门技能，就像医生做高难度的手术能体现自身的价值一样"①。记者深入新生代农民工生活和工作中，发现深藏于新生代农民工生活与工作场域背后的纷繁复杂的社会问题，通过报道问题，找到新生代农民工意见与利益诉求形成的原因，促成新生代农民工利益诉求的解决。因此，新生代农民工的利益诉求为记者提供了一个"作文题目"，具体写什么样的新闻由记者自己把握。记者在处理写作与报道这些新闻时，一直在做判断、做选择，不断地思考着，怎样报道活动的进展？哪些事件、哪些积极分子值得报道？怎样判断一个活动是否成功，是否能够作为典型事例加以宣传？等等。确定了相关问题之后，新生代农民工的利益诉求就会呈现于媒介中，引来围观，提升新生代农民工的利益表达效能。

媒介聚焦型表达增强新生代农民工利益表达效能的实现路径是：媒介通过自己角色的扮演和功能的发挥，将新生代农民工利益诉求推动成为公众问题，引发个人、社会组织与政府的互动争论，最终形成压力，使新生代农民工的利益诉求成为公共议题，最终影响政府政策的制定，维护、实现与增进新生代农民工的利益。这也需要媒介敏感、正确地捕捉到新生代农民工的意见、建议与利益诉求，过滤那些新生代农民工在利益表达过程中产生的信息噪音，并顺利将政策所需要的信息传递出去，才能避免出现错误的议题内容。否则，不仅影响到新生代农民工利益，也影响到善策的出台，缩短政策的生命周期，弱化政府的公信力。

---

① 郑一卉：《美国的公共新闻运动》，北京语言大学出版社2012年版，第48页。

第四节　自组织型表达：新生代农民工利益表达秩序建构的策略

无论是精英替代型、市场外包型还是媒介聚焦型，这些建构新生代农民工利益表达秩序的策略行为都是外在的。有效化解新生代农民工原子化与集群化利益表达行为，必须将分散的新生代农民工聚合起来，赋权自己，增强利益表达效能。因为"原子化的个人利益表达只能导致社会失序和政治不稳定，而不能促进社会的健康有序运转。当代中国利益表达机制的构建，在利益表达主体方面，即'谁来表达'方面，只能是社会化组织而不能定位在原子化的个人"①。随着总体性社会的日渐解体，多元利益格局形成，国家与社会的关系开始调整，原有的强国家弱社会的状态正在转变。国家也适时适度理性地向社会放权，社会组织的成长发育空间得到大幅度改善和提高，社会自组织能力也得到提升。他们不断地通过赋权成员，实现特定问题、事件的利益表达，开始成为影响政府政策的重要力量。比如，近年来的环保组织对特定环境保护政策的影响。正如帕森斯所说："组织的发展已成为高度分化社会中的主要机制，通过这个机制，人们才有可能'完成'任务，达到对个人而言无法企及的目标。"② 社会组织可以将分散的、原子化的意见、建议与利益诉求整合起来，对政府政策施加影响。但是，对于人口众多的新生代农民工来说，他们居住地分散，职业不稳定，流动性也非常大，这种被称为"漂移的社会"的新生代农民工却没有自己的自组织，实现组织化的表达。即使有一些自组织，这些自组织功能的发挥距离新生代农民工的要求还有很大距离。因此，新生代农民工必须实现自我赋权，提升利益表达效能。

一　自组织型表达：提升新生代农民工利益表达素养

利益表达素养是一种特定的社会文化教养，是社会个体对待利益

---

① 王中汝：《利益表达与当代中国的政治发展》，《科学社会主义》2004 年第 5 期。
② Parsons, *Structure and Process in Modern Societies*, Glencoe IL, Free Press, 1960, p. 41.

表达的观点、立场、方法方面的认知和态度，具体表现为社会个体对利益表达的认识和实践的程度，体现着利益主体利益表达意识与利益表达行为的统一。一定社会、一定时代的社会个体的利益表达素养都是该社会、该时代具体历史条件的产物，有着其社会时代的印记。社会个体利益表达素养可以通过其利益表达习惯来体现，并推动着社会个体利益表达意识与实践的发展。

在实践中，新生代农民工是否会充分认识到自组织表达对于自己的价值呢？在问卷中，我们设计了一道题目："您为什么不加入一些组织"，给出了"找不到组织""加了也没用""加入了后事情多""自己能解决一些事情，不需要组织""其他"五个选项，希望探寻新生代农民工不加入某一组织的内在动机。通过 SPSS 20 统计后，形成表 5-5 的数据。

表 5-5　　　　　"您为什么不加入一些组织"频率统计

		频率（次）	百分比（%）	有效百分比（%）	累计百分比（%）
有效	找不到组织	184	21.7	22.4	22.4
	加了也没用	267	31.5	32.5	54.9
	加入了后事情多	176	20.8	21.4	76.4
	自己能解决一些事情，不需要组织	75	8.8	9.1	85.5
	其他	119	14.0	14.5	100.0
	合计	821	96.8	100.0	

表 5-5 频率统计数据显示，在 821 份有效问卷中，32.5% 的新生代农民工不加入自组织的原因为"加了也没用"；22.4% 的新生代农民认为找不到组织，所以无法加入自组织；21.4% 的被调查者不加入组织的原因是"加入了后事情多"。数据背后的内涵是：除了要强化自组织功能建设，提升新生代农民工利益表达话语权之外，还要建构或拓展组织体系，使自组织无时不在新生代农民工身边，同时也要有效化解新生代农民工对自组织认知存在的负向认知。

第五章　增能与赋权：新生代农民工利益表达秩序建构的策略

新生代农民工利益表达秩序的建构，离不开利益表达素养的提升。但是，新生代农民工的利益表达素养不完全是先天具有的，也可以通过后天学习得以提升。自组织在培育与提高新生代农民工利益表达素养方面，也具有无可替代的作用。

（一）利益表达组织内的互动，提升着新生代农民工利益表达素养

利益表达组织是新生代农民工个体的简单组合，处于集体中的个体在集体的互动中可以提高自己的素养。一方面，组织内的选举投票有助于新生代农民工利益表达素养的提高。选举投票本身就是利益表达的一种方式与手段，通过选举与投票，可以将利益主体的利益要求表达出来，并通过被选举者实现影响政府政策的目的。在一个利益表达组织中，会有经常性的选举投票行为，如选举组织的各个层级的人员负责处理不同事务。在选举投票活动中，新生代农民工了解到利益表达的基本要求，懂得利益表达的基本游戏规则，这样有助于提高其利益表达素养。另一方面，通过组织内的互动提高新生代农民工利益表达素养的另一种方式就是，利益表达组织为新生代农民工相互交流提供了一个平台。个体的新生代农民工在组织内可以就某些问题进行争论，发表意见，表达自己的建议，并通过民主协商的方式取得某种程度的认同。因此，利益表达组织是"民主自治的训练基地。各种组织都是建立在自愿基础上的，合作是其基本的行为方式。组织的成员相互平等，遇事共同协商、民主决策，不存在强制性的权力。这样，民主融入人们的日常生活之中，成为人们的生活方式。在这里，人们学会了如何相互信任，如何表达意见，如何处理分歧，接受着民主的基本训练。在这种环境下，公众从小事做起，学习如何以民主的方式生活，并逐步培养出民主的习惯，造就了'自治的公众'，为真正实现民主自治奠定了基础"[①]。学者们通过大量的调查研究也发现，在集体中通过交流与沟通，人们的政治意识会有显著增强，民主素质也

---

① 郭道久：《以社会制约权力：民主的一种解析视角》，天津人民出版社2005年版，第316页。

会迅速提升。①

（二）利益表达组织的政治社会化功能，提升着新生代农民工利益表达素养

利益表达组织是政治社会化的重要媒介，其政治社会化功能，就是通过组织活动来达到政治文化传播、政治态度演进、个体政治观念类化的目的。② 利益表达组织通过宣传组织的主张、信仰来影响其成员的政治取向，以及通过组织的活动向其成员传播政治知识和政治技能，培养其成员特定的政治文化。③ 在利益表达组织政治社会化功能作用下，新生代农民工可以从利益表达组织中习得政治知识，提高政治技能，并形成一定的政治文化。因此，在民主政治发展的历史逻辑中，总是可以看到利益表达组织的推动作用。爱德华·希尔斯在《新兴国家的政治发展》一书中认为，如果发展中国家想变得更加民主，就必须建立具有相当密度的、个人自愿结合的、精巧的社团体制。④ 换言之，一个国家民主政治的发展与社会组织的发育有着正向相关关系，即民主越成熟，社会组织的数量与质量越多。同样，社会组织是衡量民主发展程度的标尺之一。作为社会组织形式之一的新生代农民工利益表达组织，实质上也体现着民主发展的情况。

（三）利益表达组织的规范，提升着新生代农民工利益表达素养

规范明确告诉人们以什么样的行为模式参与社会生活才是社会所接受的，否则便会遭到社会以不同方式给予的惩罚。组织规范是组织为统一其成员的行为，确保其目标实现而规定的，在组织内通行的一系列的行为规则或行为模式。⑤ 组织规范与规则有正式与非正式之分，正式的组织规范和规则是指组织的章程等制度文本对其成员的约束，非正式的规范与规则是指组织领导与成员之间和成员与成员之间的行

---

① ［美］西摩·马丁·李普塞特：《政治人：政治的社会基础》，张绍宗译，上海人民出版社 1997 年版，第 173 页。
② 贺新宇：《重塑公共管理的基本职能》，中国社会科学出版社 2006 年版，第 100 页。
③ 杨光斌：《政治学导论》，中国人民大学出版社 2004 年版，第 82 页。
④ 转引自陈宪、曹闻民《公共管理通论》，国家行政学院出版社 2007 年版，第 254 页。
⑤ 黄志坚：《青年组织学》，中国青年出版社 1990 年版，第 55—56 页。

第五章　增能与赋权：新生代农民工利益表达秩序建构的策略

为、态度与情绪的一致性所形成的约束。"明晰的组织规范是社会自治组织赖以存在和得以发展的基础性条件，并间接地促进社会自治的健全和完善"①，最终促进其成员利益表达素养的提升。另外，利益表达组织的存在也为政府行政行为提供一种约束性机制。多元主义民主理论重要代表人物达尔认为，公民社会应由多元的、自主的、独立的社会团体组成。这种独立的社会组织是民主的基础，它可以限制政府权力，保障政治自由，改善人的生活。多重独立的社会组织，可以提供一种相互控制的机制。因此，发展多元的、独立的社会团体，是多元政体产生与运作的社会先决条件。②

二　自组织型表达：增强新生代农民工利益博弈能力

"在民主国家里，全体公民都是独立的，但又是软弱无力的，他们几乎不能单凭自己的力量去做一番事业，其中的任何人都不能强迫他人帮助自己。因此，他们如不学会自动地互助，就将全都陷入无能为力的状态。"③ 当新生代农民工以个体或无组织化的集群方式进行利益表达和影响政府决策与公共政策时，其话语权和行动效应是有限的。当新生代农民工的利益表达和行动被整合为利益表达组织的利益表达和行动后，就增强了对政府政策的影响力。因此，建构新生代农民工利益表达良好秩序，需要构建新生代农民工利益表达组织，使原子化的新生代农民工利益表达聚合起来，影响政府政策。

为了探讨新生代农民工对自组织表达功能的认知，我们在问卷中设计了"您加入某个社会组织了吗"，要求被调查者从"加入了""没有加入"两个选项中勾选出一个。为了进一步探讨是什么原因促使新生代农民工加入组织，我们增设了一道题目："您为什么会加入"，答案选项为"能多交点朋友""自己感兴趣""可以向组织提自己的意见、建议""组织能帮我们获得一些东西""依靠组织的力量可以增强自己的话语权"。运用 SPSS 20，获得选项的频率统计数据，

---

① 吕廷君：《消极自由的宪政价值》，山东人民出版社 2007 年版，第 352 页。
② 转引自吴春华《当代西方自由主义》，中国社会科学出版社 2004 年版，第 349 页。
③ ［法］托克维尔：《论美国的民主》（下卷），董果良译，商务印书馆 1988 年版，第 636—637 页。

见表5-6。

表5-6数据显示，选择加入某个组织的新生代农民工群体中，回答"您为什么会加入"，意即加入组织的内在行为逻辑是什么，统计结果显示，45%的新生代农民工选择加入某一组织的行为动机是"自己感兴趣"，18.7%的被调查者选择的是"能多交点朋友"，选择这两项答案的被调查者的占比高达64.8%。根据设计这两道题目的初衷来分析，能"多交点朋友""自己感兴趣"为自己人际关系处理系列选项，后三项"可以向组织提自己的意见、建议""组织能帮我们获得一些东西""依靠组织的力量可以增强自己的话语权"为组织的利益表达功能选项，但对于后三项，只有35.1%的被调查者做出了选择。数据说明，新生代农民工对于自组织的利益表达功能的认知尚须矫正。

表5-6　　"您为什么会加入"频率统计

		频率（次）	百分比（%）	有效百分比（%）	累计百分比（%）
有效	能多交点朋友	40	18.7	19.8	19.8
	自己感兴趣	91	42.5	45.0	64.9
	可以向组织提自己的意见、建议	11	5.1	5.4	70.3
	组织能帮我们获得一些东西	33	15.4	16.3	86.6
	依靠组织的力量可以增强自己的话语权	27	12.6	13.4	100.0
	合计	202	94.4	100.0	

从理论上来说，社会大众对政治过程的压力是最强大的。但是在现实中，社会公众的力量是最分散、最没有组织、最没有计划的。在一般的政治过程中，社会大众难以直接对政治过程施加压力。[①] 这种情况也体现于新生代农民工阶层。从整体上来说，新生代农民工存在

---

① 王沪宁：《比较政治分析》，上海人民出版社1987年版，第123页。

的三个基本特点不利于利益表达组织的建构。一是分散性。新生代农民工生活工作区域的分散性，使各种信息不能自由流通，影响了他们之间的相互沟通，同时也增加了组建利益表达组织的交易成本。二是个体性。新生代农民工如同他们的父辈一样，好像一口袋马铃薯，表面上看似一个整体，但实际上却是以相互独立的个体而存在的。他们的利益同质性掩盖不了行为的个体性。三是弱势。在务工地，新生代农民工始终被当地人认同为"外来人"，即使一些新生代农民工在城市定居下来，但是既存的城市二元结构使他们对自己是"外来人"的认同不会减弱。

新生代农民工因生活工作区域的分散性、利益表达的原子化以及"弱者的武器"的惯习，再加上掌握各种政治资源较少，使其在利益表达过程中力量很小，很难在社会转型引起的多元利益格局中处于优势地位，更难同社会其他利益群体进行博弈，对政府决策的影响也微乎其微。新生代农民工只有通过利益表达组织对其个人利益、群体意见与利益诉求的集中表达，才能增强同其他利益主体、群体博弈的力量，增强对政府决策的影响力。正如有学者指出的那样，新生代农民工群体不仅要以个人的形式出现在社会的舞台上，而且要以一种独立的组织形态参与各种组织间的互动，通过建构各种权力组织相互平衡的制度平台，实现各方利益可以在一种平等有序的对话谈判中得以体现。① 新生代农民工与其他利益主体对话谈判的话语权的大小，不仅取决于他们所掌握资源的多少，更取决于新生代农民工组织化程度的高低。实践表明，单个新生代农民工的利益是难以得到保护和增进的，他们只有作为一个整体采取行动，才能维护自己的利益，增强竞争能力。②

三 自组织型表达：规范新生代农民工利益表达行为

利益表达组织由于是一个规范性的社会团体，它在进行利益表达时往往是在法律的框架内，遵循一定的规则和程序进行，可以有效地

---

① 赵树凯：《农村基层组织：运行机制与内部冲突》，《经济要参》2001年第32期。
② 高经红：《中国农村的社会主义合作》，《当代世界与社会主义》2003年第1期。

避免个人利益表达的盲目性和无知性，增强利益表达方式的理性化和合法化。① 但是由于政治、经济、文化的影响，我国利益表达组织发育十分缓慢。一是国家能力远大于社会能力。"国家能力，在一国和平建设时期，指国家指导和推动社会进步与发展的能动力。社会能力，指相对独立于国家的社会及其组织和个人在政治与社会发展过程中的自组织能力和主动参与能力。"② 前者主要包括：维护国家安全与公共秩序的能力；动员与调度社会资源的能力；培育与巩固国家认同的能力；维护经济与社会生活秩序的能力；确保国家机构内部控制、监督与协调的能力；维护社会分配正义的能力；将民众参与需求纳入制度化管道的能力；协调不同利益，形成公共政策的能力。③ 在特定历史时期，国家能力延伸至社会的每一个角落，对社会各种资源进行着有效的调控。当然，随着社会主义民主政治的发展，国家能力对社会的控制已较计划经济时代有了较大的不同，社会能力开始强大。但由于中国复杂的现实性及传统历史性，国家能力还远大于社会能力，这影响着利益表达组织的发育及其行动成效。二是政府全能主义观念根深蒂固。在封建专制制度统治下，特别是在中华人民共和国成立后实行的高度统一的计划经济，形成政府对社会事务无所不能、无所不包的局面，因为"建立计划经济体制内含的一个假定前提是政府全能，它应当，也有能力对全部经济活动，甚至全部社会生活做出安排"④。在这种政府全能主义思维定式下，公民的各种利益表达全部向政府提出，公民没有饭吃，会向政府进行利益诉求；没有工作，会找政府进行利益表达。就连房屋买卖这种与政府没有直接联系的问题，如果开发商不能按时交房，购房人首先想找的通常不是律师或法院，而是政府。购买企业债券本来就是有风险的自然行为，如果企业

---

① 陶元浩：《弱势群体利益表达机制社会化途径的完善》，《新东方》2007年第4期。
② 刘京希：《政治生态论——政治发展的生态学考察》，山东大学出版社2007年版，第189页。
③ 王绍光、胡鞍钢、周建明：《第二代改革战略：积极推进国家制度建设》，《战略与管理》2003年第2期。
④ 沈荣华：《行政权力制约机制》，国家行政学院出版社2006年版，第72页。

经营不善，无法偿还到期债务，债权人也会去找政府。① 这种情况从总体上影响了利益表达组织的发展，使利益表达组织发展滞后，弱化了社会的自治组织能力，也不利于形成一定的利益表达组织代表一定的集团或群体的利益进行利益表达。

公民是否能够通过合法手段实现利益表达，是判断一个社会民主化程度的重要维度。② 新生代农民工利益表达行为在现时利益表达实践中常表现出非理性、非制度化的利益表达行为，不仅对政治稳定产生消极影响，也不利于新生代农民工长期利益的实现与维护。构建利益表达组织则是实现新生代农民工利益表达行为由非理性、非制度化走向理性、制度化的重要渠道。

自组织型表达矫正新生代农民工非理性、非制度化利益表达行为，主要通过以下两种方式进行。一是"政治社团作为一种组织化的政治参与，一般主要通过合法的手段和制度性的渠道进行利益表达，并且具有较固定的表达方式，使公民的利益表达具有合法的形式"③。在新生代农民工利益表达行为过程中，利益表达组织通过合法的手段和制度性的渠道，代表新生代农民工的利益进行利益表达。另外，通过组织化的利益表达，避免了原子化或集群化利益表达的方式及非常规的利益表达手段影响政府政策的行为，从而使新生代农民工的利益表达行为表现出符合政治性的要求。二是任何一个利益表达组织都是按一定规则组建起来的，有一定的目标和实现目标的手段。也就是说，一个利益表达组织本身具有一定的规范和规则。组织规范是组织内成员必须遵守的基本准则，利益表达组织内部成员除了受社会法律等规定外，利益表达组织存在的规范和规则对新生代农民工产生一定的约束作用。在规范和规则的治理下，新生代农民工的利益表达行为必然受到一定约束。它使"无数个体的'不规则运动'汇成整个社会的有规则、合规范的运动，将众多社会个体的目的与需求纳入有序

---

① 朱征夫：《公民的权利》，法律出版社2006年版，第237页。
② 文力：《利益群体显性化：利益表达和均衡的有效机制》，《福建论坛》（人文社会科学版）2005年第9期。
③ 张明军、孙力：《政治科学导论》，北京大学出版社2007年版，第132页。

化的轨道"①，从而促进新生代农民工利益表达行为的理性和制度化。

　　由于自组织型表达对于建构新生代农民工利益表达秩序的特殊作用，在现有体制下，新生代农民工应自发地建立起真正代表自己利益的自组织。政府也可以通过扶持的方式，鼓励新生代农民工成立自己的自组织。这些自组织可以根据兴趣，有不同的关注点，也可以根据业缘、乡缘而设定。另外，对现有的一些新生代农民工利益表达组织，如工会，要通过内塑和外赋权的形式提高他们在与其他社会组织博弈中的力量，使其真正"硬"起来，代表新生代农民工进行利益表达，改变他们不利的处境，增强话语权。

　　总之，新生代农民工通过自我赋权成立自组织进行利益表达的实现路径是：新生代农民工通过组织将意见、建议与利益诉求进行聚合，并在与其他社会组织互动过程中将聚合了的利益诉求提供给政府，影响政府政策。自我赋权的新生代农民工自组织可以将分散的、模糊不清的意见、建议与利益要求聚合为明确的、共同的组织意见和集体行动，改变原子化与集群化利益表达的非理性、无序性，维护、实现和增进自己的利益。但是，政府必须保证社会组织的独立性，并予以法律、资金、政策的支持，引导与规范自组织的利益表达行为，使自组织真正发挥社会缓冲层作用，实现个体—社会组织—政府的良性互动。

---

① 童星：《现代社会学理论新编》，南京大学出版社2003年版，第331页。